Erich Fromm

占有还是存在

To Have Or To Be ?

〔美〕艾里希·弗洛姆 著
程雪芳 译

上海译文出版社

目　录

道常无为而无不为。

——老子

人不要总去想应该做什么，而应该更多地思考自己是什么。

——埃克哈特教士

你**存在**得越少，表达自己的生命越少，那么你**占有**得就越多，生命的异化程度也就越高。

——卡尔·马克思

前　言

这本书沿袭了我之前写作的两个方向。其一，它深化扩展了我在激进人道主义心理分析领域的著述，集中对“自私”和“利他”这两个基本人格倾向进行分析。本书最后三分之一的篇幅（即第三部分）把我在《健全的社会》（*The Sane Society*，1955）和《希望的革命》（*The Revolution of Hope*，1968）两本书中所探讨的主题进一步向前推进，讨论当代社会的危机及其解决的可能性。重复以前已表达过的观点不可避免，但我希望这本书产生的新视角以及它对概念的进一步扩展，能让熟悉我以往著作的读者仍然觉得值得一读。

事实上，本书的题目与两本更早的著作几乎一模一样，即加布里埃尔·马塞尔的《存在与占有》（*Being and Having*，Babriel Marcel，1954），以及巴尔塔萨·斯泰赫林的《占有与存在》（*Haben und Sein*，Balthasar Staehelin，1969）。三本书都本着人道主义精神，从不同角度阐述同一主题：马塞尔从神学和哲学角度进行阐发；斯泰赫林的书对现代科学中的唯物主义进行建设性探讨，从事的是针对社会现况的“现实分析”

(Wirklichkeitsanalyse);而本书则对两种存在模式进行经验心理学的社会分析。我想向对这个主题很感兴趣的读者推荐马塞尔和斯泰赫林的书。(我直到最近才知道马塞尔这本书的英译本已经出版。我阅读的译本是贝弗利·休斯为我个人所做的优秀英译。已出版的英译本在本书参考文献部分列出。)

为了增加本书的可读性,书中脚注无论在数量还是长度上都尽量做到极简。一些参考书籍会出现在正文中的括号里,文献的详细信息可在本书的参考文献部分找到。

关于文体我还想再做一点说明,那就是关于“人”(man) 和“他”(he) 这两个词作为通称的使用。我相信我已避免使用所有“男性主导”意味的词汇,为此我要感谢玛丽昂·奥多米霍克(Marion Odomirok),她让我认识到,这方面的语言使用问题比我之前以为的要重要得多。在处理语言中的性别歧视问题时,我们仅有一点没有达成共识,即用“人”(man)一词来指称“智人”(Homo Sapiens) 这一物种。在这种语境下,不加性别区分地使用“人”(man)这一单词是长久以来的人文思考传统,因此我认为不能放弃使用这样一个清晰表示人类特性的词汇。德语中就不存在这样的难题,因为人们可以使用“mensch”一词来指称没有性别区分的人类存在。但即使在英文中,“man”一词也可以像德语中的“mensch”一样表示无性别区分的人类或人种。我认为最好恢复“man”一词无性别特指的含义,而不是用听起来很笨拙的词汇取而代之。我在本书中使用首字母大写的“Man”，以便于表明我在使用这个词汇时是不加性别区分的。

接下来我仅需要愉快地表达谢意了。我要感谢几位对这本书的内容和文体做出贡献的人。首先，感谢雷纳·芬克(Rainer Funk)在诸多方面为我提供的巨大帮助：我跟他进行了长时间的讨论，这有助于我理解基督教神学中的一些细节问题；他孜孜不倦地为我指出神学领域的相关文献；再者，他多次阅读本书手稿，提出了宝贵的建设性意见和建议，极大地丰富了手稿内容，避免了一些错误。我非常感激玛丽昂·奥多米霍克，她细致入微的编辑工作使本书得到了极大提升。我同样要感谢琼·休斯(Joan Hughes)一丝不苟地将数版手稿耐心打出来，并对文体和语言提出很多宝贵意见。最后，我想感谢安妮丝·弗洛姆(Annis Fromm)，她阅读了多个版本的手稿，并总能提出诸多有价值的见解和建议。

艾里希·弗洛姆

1976 年 6 月于纽约

引　言
伟大的允诺、允诺的落空以及新的可能

幻想的破灭

自工业时代伊始，一代代人将希望和信念建立在“无止境的进步”这一伟大允诺的基础之上。他们相信人必将征服自然，获取物质的丰裕，绝大多数人口将得到最大化的幸福，并且个人自由将不受限制。当然，我们的文明始于人类开始积极控制自然，但一直到工业时代来临之前，这种控制都是非常有限的。随着工业的不断进步，机械和核能代替了畜力和人力；紧接着电脑代替了人脑，使人感觉我们正通向无尽的生产和消费之路，似乎科技让我们无所不能，科学让我们无所不知。我们正在变成神，拥有创造第二个世界的至高无上的力量，而自然界仅仅是我们创造新世界的建筑材料。

男人以及越来越多的女人感受到了新的自由，他们成了自己生活的主人。封建的枷锁已然崩裂，人们挣脱了一切束缚，可以随心所欲了，或者至少感觉上是这样的。尽管这样的情况仅适用于社会的中上层阶级，但他们所取得的成就让其他人也坚信，只要工业化以同样的速度向前发展，新的自由将惠及每一位社会成员。社会主义和共产主义曾经的目标是建立新社会、培养新人；但很快它们改弦易辙，其理想变成了让所有人过上中产阶级的生活，把未来的男人和女人变成**普遍的布尔乔亚**。让所有人获得富有而舒适的生活似乎理应令所有人感到无限的幸福。无尽的生产、绝对的自由和无限的幸福，这三位一体形成了“进步”这一新宗教的核心，“上帝的天国”被新的“人间进步之国”取而代之。这个新的宗教让信众充满力量、活力和希望。

这一伟大的允诺富丽堂皇，工业时代的物质和知识成就让人惊叹。看到了这些就能理解，一旦人们认识到这一允诺行将落空，将会经受怎样的精神创伤。因为工业时代确已无法兑现它的伟大允诺，越来越多的人开始认识到：

- 无节制的欲望满足无益于人类的福祉，它不会带来幸福，甚至也不会带来最大化的享乐。
- 独立主宰自己的生活不过是美梦一场，因为我们逐渐认识到我们已经变成了官僚机器里的齿轮，我们的思想、情感、趣味都由政府、工业及其控制的大众传媒操纵。
- 经济进步仍然仅限于富裕的国家，贫国与富国的差距日益增大。

- 科技进步带来了生态危机和核战危机，两者中的任何一个都有可能导致所有文明和生命的终结。

1952年11月4日，阿尔贝特·施韦泽(Albert Schweitzer)前往奥斯陆领取诺贝尔和平奖，他呼吁全世界“要勇于面对现状。……人类已经变成超人。……他拥有超人的力量却不具备超人的理性。随着他力量的增长，他变得越来越可怜。……让我们良心不安的是，当我们变得越来越像超人时，我们越来越不像个人”。

伟大的允诺为何落空?

伟大的允诺之所以落空，除了工业主义内在的经济矛盾，还源于工业系统内部的两个主要心理前提:(1)生活的目的是幸福，即最大程度的享乐，也就是满足人的所有欲望和主观需要(极端享乐主义);(2)自私、自利和贪婪，这些性格特征由工业系统产生，并支撑这一系统的运作，它们会带来和谐与和平。

众所周知，历史上的富裕阶层践行极端的享乐主义。拥有无尽财富的人试图在无限的享乐中找寻生活的意义，比如生活在罗马帝国、文艺复兴时期的意大利城邦以及十八和十九世纪英国和法国的那些精英们。虽然极端享乐主义式的寻欢作乐是特定历史时期特定人群的生活实践，却从来不是中国、印度、近东和欧洲伟大哲人们所提出的幸福**理论**。这些理论在十七世纪之前只有一个例外。

它来自希腊哲学家亚里斯提卜（Aristippus），苏格拉底（公元前四世纪上半叶）的弟子。他认为生活的目的是最大限度的身体享乐，幸福就是享乐的总和。关于他的哲学仅有的一些知识来自第欧根尼·拉尔修（Diogenes Laertius），但已足够展现他作为唯一真正享乐主义者的面貌。对他来说，欲望之所以存在，就是需要满足的，满足欲望就实现了人生目标——享乐。

伊壁鸠鲁（Epicurus）实在算不上是亚里斯提卜式享乐主义的代表。尽管伊壁鸠鲁认为"纯粹的"享乐是最高目标，但这种享乐意味着"没有痛苦"（aponia），意味着"灵魂的安宁"（ataraxia）。对伊壁鸠鲁来说，满足欲望式的享乐不是人生目标，因为这种快乐必定伴随着不快乐，从而使人远离真正的目标——没有痛苦。（伊壁鸠鲁的理论在很多方面与弗洛伊德相似。）然而，对伊壁鸠鲁学说的陈述纷繁矛盾，如果要给出确切阐释的话，这一学说似乎代表了一种与亚里士多德立场相反的主观主义。

其他伟大哲人都不曾说过，**欲望的现实存在构成一种道德规范**。他们关心的是人类的最佳福祉（vivere bene）。他们思想中的关键因素就是区分两种需求：一种需求即欲望，仅是一种主观感受，其满足产生短暂的快乐；一种是根植于人性中的需求，其实现有助于人的成长，能产生真正的幸福(eudaimonia)。换句话说，他们关心的是**纯粹主观需求和合理客观需求的区别**，前者有一部分对人的成长有害，后者符合人性的要求。

自亚里斯提卜以降，十七、十八世纪的哲学家首次明确提出理论，认为人生目标就是满足每一个人类欲望。当“益处”(profit)一词不再意味着“灵魂上的裨益”(如《圣经》和斯宾诺莎书中所说)，而开始表示物质和金钱上的利益，这一理论很容易就流行了起来。这一时期，中产阶级不仅甩开了政治枷锁，还抛弃了人与人之间爱与团结的纽带，他们相信仅为自己而活意味着更好地做自己。在霍布斯(Thomas Hobbes)看来，幸福是贪婪欲望的绵延不绝；拉美特利(La Mettrie)甚至推荐人们吸毒，以获得至少是虚幻的幸福；萨德(Sade)则认为满足那些残忍的冲动是合理的，就因为它们存在着并渴望满足。这些思想家都生活在中产阶级取得最后胜利的时代。贵族们曾经毫无哲学意味的生活方式变成了中产阶级的行为实践和理论指导。

自十八世纪以来，人们提出了不少道德理论，其中一些是较为高尚的享乐主义，比如功利主义；另一些则是严格的反享乐主义理论体系，比如康德、马克思、梭罗和施韦泽的理论。可大约从第一次世界大战以后，我们这个时代又回到了极端享乐主义的老路上。尽情享乐的观念与纪律严明的工作理想形成奇特的冲突。与此类似，大众一方面接受狂热偏执的工作伦理，一方面却沉溺于业余时间和假期当中的无所事事、彻底懒散；一方面是无休止的生产线传送带和官僚机构的繁文缛节，另一方面是电视机、小汽车和性刺激，两者矛盾地结合在一起。强迫性的工作和完全的懒散一样，都会把人逼疯；两者相结合，人们才能生存下去。此外，这两种矛盾的态度符合某种经济上的必然性：对产品和服务的最大消费以及程序化的协同工作，这是二十世纪资本主义的基础所在。

对理论的考察表明，鉴于对人性的了解，极端享乐主义并不能带领人们走向幸福及其缘由。但即使没有理论分析，观察到的事实也非常清晰地显示，我们所谓的"追求幸福"并不能产生真正的幸福。我们的社会充满了毫无幸福感的人，这已经是臭名昭著的事实了——人们孤独、焦虑、抑郁、具有依赖性和破坏性，千辛万苦节省下来的时间被迫不及待地消磨掉。

我们的时代是一场空前的社会实验，试图回答的问题是：享乐能否令人满意地解决人类生存困境。史上第一次，满足享乐冲动不再是少数人的特权；在工业化国家，它对超过半数的人口都是可能的。这一实验已对上述问题给出了否定答案。

工业时代的第二个心理前提，即追求个人中心主义会带来和谐与和平以及民众福利的增长，这不仅在理论上是错误的，观察到的事实也证明了其谬误。在古典经济学家当中，只有大卫·李嘉图(David Ricardo)一人否定这一原则。那么为什么它是错误的呢？利己主义不仅表现在行为上，也根植于一个人的性格里。利己主义意味着：我想把一切据为己有，是占有而非分享能给予我快乐。我必须变得贪婪，因为如果我的目标是占有，那么我**占有**的越多，我的**存在**就越丰满；我必须对所有人充满敌意——我想欺骗我的客户、摧毁我的竞争者、剥削我的员工；我永不会满足，因为我的欲望是无穷的；我嫉妒那些比我占有的多的人，畏惧那些比我占有的少的人。但我必须压抑所有这些情感，向他人和自己展现出一个笑脸相迎、充满理性、真诚和蔼的形象——每个人都在尽力假装这个形象。

对占有的狂热必定导致无休止的阶级斗争。只要每个人都想占有更多，就会形成阶级，就会有阶级斗争，就必定会在全球范围内滋生国家间的战争。**贪婪与和平水火不容**。

要不是十八世纪发生的剧烈社会变化，极端的享乐主义和无限的利己主义不会成为经济行为的指导原则。在中世纪的社会，如同在一些高度发展的社会以及原始社会，经济行为由道德准则决定。因此，对于经院神学家来说，诸如价格和私有财产这样的经济范畴都是道德神学的组成部分。诚然，神学家们常找到一些表述，以使道德准则适应新的经济需求，比如托马斯·阿奎那(Thomas Aquinas)修正了“公正价格”的概念；然而，经济行为仍然是**人的**行为，因而受到人本主义道德观和价值观的制约。资本主义在十八世纪逐步发生了深刻变化——经济行为开始与伦理道德和人的价值观念分离。经济机器本身就是自主的实体，独立于人的行为与意愿。它是一个依照自身规则自行运作的体系。大企业发展壮大导致越来越多的小企业破产，工人遭受损失，这虽让人遗憾，却是经济上的必然，人们必须像接受自然规律一样对待它。

经济体系的发展不再受制于这样一个问题：**什么是对人类有益的**？现在的决定性问题是：**什么对经济体系的发展有益**？为了掩饰这一尖锐对立，人们提出这样的假定：对经济体系（甚至只是对一个大企业）的发展有益就是对人类有益。支撑这一理论的是这样一种观点：经济体系发展所需要的人格特质（利己、自私、贪婪）根植于人性之中，因此扶植这些性格特质的不仅仅是经济体系，更是人性本身。那些不知利己、自私、贪婪为何物的社会是“原始”的，其社会成员是“幼稚”的。人们拒绝承认的是，并非自私自利的人类本性使得工业社会产生；恰恰相反，自私自利与贪婪是工业社会大环境的**产物**。

另一因素也很重要：人对自然抱有深深的敌意。人类是“自然界的异类”，其生存寄于自然之中，靠着理性的天赋超越自然。为了解决自身的生存问题，我们放弃了人与自然和谐相处的弥赛亚式愿景，转而征服自然，按自己的意愿改造自然，直到征服与改造渐渐变成了毁灭。征服欲和敌意蒙蔽了我们的双眼，我们忘记了自然资源是有限的，最终会被消耗殆尽，大自然将对人类的贪婪进行反击。

工业社会藐视自然，藐视所有非机器制造的东西，以及所有不是机器制造者的人(主要是有色人种,近年来日本和中国例外)。今天的人们痴迷机械、强大的机器、无生命的东西,甚至越发迷恋毁灭的力量。

人类变革的经济必然性

截至目前的论点是:我们的社会经济体系(也就是我们的生活方式)所培育的性格特质是致病的,最终会导致病态的个人和社会。除此之外还有第二个论点,从截然不同的角度支持人们进行深刻的心理改造,从而避免经济和生态危机。这一观点是由罗马俱乐部委托展开的两份报告提出的。其中一份报告的作者是梅多斯等人(D. H. Meadows et al., 1972),另一份报告的作者是梅萨罗维奇和佩斯特尔(M. D. Mesarovic & E. Pestel, 1974)。两份报告考察了世界范围内的技术、经济和人口趋势。梅萨罗维奇和佩斯特尔得出的结论是:只有按照宏观规划,在全球范围内进行大刀阔斧的经济和技术变革,才能“避免重大的、全球性的灾难”。为了证明自己的论点,他们列举的资料来自目前最全球化和系统化的研究。(相较于梅多斯的报告,梅萨罗维奇和佩斯特尔的著作有某些方法论上的优势,但梅多斯的报告考察了更加彻底的避免灾难发生的经济改革。)梅萨罗维奇和佩斯特尔进一步得出结论:“**只有当人的价值观和态度发生根本变化**(我称之为性格取向),**如产生新的伦**

理和对大自然新的态度”，这样的经济改革才有可能成功。他们的论点印证了其他人在报告发表之前和之后所表达的观点，即**只有**在社会发展过程中形成了一代新人，或简单说来，就是现代人的人格结构发生根本变化，一个新的社会才有可能形成。

遗憾的是，两份报告沿袭了我们的时代特点，其写作体现出量化、抽象化以及去人性化的精神。除此之外，它们完全忽视了政治和社会因素，因而不可能提出切实可行的改革计划。但不管怎么说，它们给出了宝贵的资料，并首次把全人类作为整体来分析其经济形势、发展的可能性与重重危机。最难能可贵的是，它们得出了完全背离其哲学前提的结论，认为必须建立新的伦理以及要以新的态度面对大自然。

另一位截然不同的研究者是舒马赫（E. F. Schumacher），他是一名经济学家，更是一位激进的人道主义者。他呼吁人们从根本上改变自己，这一主张建立在两个论点之上：现今的社会秩序把我们变成病态的人；除非我们彻底改革社会体系，否则我们将面临巨大的经济灾难。

人必须从根本上改变自身，这不仅是伦理和宗教上的要求，也不仅是如今病态的社会性格对我们提出的心理上的要求，还是人类维持自身生存所必需的先决条件。正确的生活方式不再仅是满足道德或宗教上的要求。史上第一次，**人类肉身的存活取决于人心的彻底改变**。然而，要想改变人心，就必须相应地进行彻底的社会经济变革，为人心提供变革的机会，为人们实现目标提供勇气和愿景。

灾难之外还有别的选择吗？

目前提及的所有资料都已出版并为人熟知。令人难以置信的是，人们没有做出任何严肃认真的努力来避免即将到来的厄运。在个人生活中，只有疯子才会面对致命威胁却木然不动，然而那些公共事务的负责人无所作为，把命运托付给他们的大众也任由他们无所作为。

为什么所有本能中最强大的生存本能似乎停止发挥作用了呢？一个最明显的解释就是领导们忙着做这做那，让人看起来似乎他们正在采取有效措施避免灾难——例如无休止的会议、决议、裁军谈判——给人的印象是问题已得到充分认识并逐步解决。然而，并无任何实际进展，领导者和被领导者都装作在解决之道上向前迈进的样子，以此来麻痹他们的良心和生存意愿。

有一种解释：目前社会体系催生的自私自利风气让领导者视个人成败高于社会责任。每当听闻一些政客和商业领导做出于己有利、危害公众的决定，我们已不再震惊。诚然，若自私自利成了当代道德伦理的支柱之一，人们的行为又怎会不是如此呢？他们似乎不了解，贪婪跟服从一样使人变得愚不可及，哪怕是在涉及自身利益的事情上也是如此，比如对自己以及妻儿的生命漠不关心。[参见让·皮亚杰(J. Piaget)的《儿童的道德判断》(*The Moral Judgement of the Child*)。]与此同时，普罗大众也只自私地关注自己的事情，而对超出个人领域的事漠不关心。

但对我们衰亡的求生本能还有一种解释：生活中需要进行如此剧烈的变革，以至于我们宁愿接受未来的灾祸也不愿牺牲已有的安逸。亚瑟·凯斯特勒(Arthur Koestler)讲述的西班牙内战中的亲身经历就是一个很好的例子。当佛朗哥的军队向前推进的消息传来时，他正坐在朋友舒适的别墅里。毫无疑问，军队夜里即将开到这里，他极有可能会被枪毙，他如果马上逃跑还能保住性命。但夜里很冷，还下着雨，而房子里是如此温暖舒适，所以他没走，于是就被捕了，几周后在记者朋友的营救下才奇迹般地活了下来。此外，有些人宁愿冒着病死的风险也不愿接受体检，因为害怕诊断出重大疾病进而需要进行手术，这样的行为也是一样的道理。

人类面临生死攸关的情境却无动于衷，对此另有一种解释，这也是我写作此书的一个理由。我针对的是这样一种观点：面对公司资本主义、社会民主主义或苏维埃社会主义以及技术至上的"微笑的法西斯主义"，我们别无选择。这种观点之所以流行，主要是由于几乎没有人对崭新社会模式的可行性进行研究和实验。毫无疑问，只要我们当中头脑最好的人仍旧只关心科技问题，而不会哪怕稍微地关心一下社会体系重建的问题，我们将缺乏想象力，无法设想新的、现实的解决方案。

本书旨在分析两种基本的生存模式——**占有型模式**和**存在型模式**。开篇第一章对两种模式的不同点做出“第一瞥”初步评论。第二章以读者感同身受的生活实例为基础，进一步展示两种模式的差异。第三章介绍《旧约》《新约》以及埃克哈特(Eckhart)教士著作中关于占有和存在的一些观点。接下来几章的工作最为困难，它们对占有和存在型生存模式进行分析，进而在经验资料的基础上试图得出理论结论。到这部分为止，我主要是从个人方面对这两种基本生存模式进行分析。本书的最后几章从培育新人、新社会的角度对两种模式进行探讨，并针对个人消耗性的病态生存以及世界范围内毁灭性的社会经济发展提出可能的解决方案。

第一部分

理解占有与存在的区别

第一章　第一瞥

对占有与存在进行区分的意义

对**占有**和**存在**的区分与选择不在我们的常识之内。**占有**似乎是我们日常生活的重要组成部分，要活下去就必须占有物品。除此之外，我们占有物品以获得享受。在一个终极目标就是占有的文化里，我们渴望拥有越来越多的东西。我们会在谈论一个人时说他“身价百万”，又怎么会想到在占有和存在这两种生存方式之间做出选择呢？与之相反，我们甚至认为存在的本质就是占有，要是一个人一无所有，那他就什么都不是。

然而伟大的哲人们早已对占有和存在进行了区分，这一问题构成了他们各自理论体系的核心。佛陀教导人们，人的发展要臻于最高境界，就必须抛弃贪念和物欲。耶稣说：“因为，凡要救自己生命的，必丧掉生命；凡为我丧掉生命的，必救了生命。人若赚得全世界，却丧了自己，赔上自己，有什么益处呢？”(《路加福音》，9：24－25)[①] 埃克哈特教士认为，不占有任何东西，让自己保持开放和“空”的状态，不要让自我充当拦路虎，这是获得精神财富和力量的条件。马克思认为奢侈和贫穷一样罪恶，我们的目标应该是充分地**存在**而不是过多地**占有**。（我这里说的马克思是真实的马克思，一位激进的人道主义者，而不是被庸俗地歪曲了的马克思。）

多年来我一直在思索占有与存在的区别，并试图用心理分析的方法，在对个人和团体的具体研究中探寻这种区别的经验基础。我得出的结论是：占有与存在的区别，以及爱生命与爱僵死之物的区别，是人类生存至为关键的问题。经验人类学和心理分析资料向我们展示：**占有和存在是两种根本的体验模式，这两种模式的消长决定了每个人性格的不同以及社会性格的不同类型。**

以几首诗歌为例

我想以两首内容相似的诗歌为例，引出对占有和存在这两种生存模式不同之处的理解。这两首诗是已故的铃木大拙（D. T. Suzuki）在他的“论禅宗”讲座中提及的。其中一首是日本诗人松尾芭蕉（Matsuo Basho）写的俳句，另一首的作者是十九世纪英国诗人丁尼生（Tennyson）。两位诗人描述了相似的经

---

① 本书所有《圣经》中文译文均来自中文和合本。——译者

历——散步时看到一朵花的反应。丁尼生的诗是这样的：

墙上的裂缝中生出一朵花，
我轻轻将你连根拔下，
我将你捧在手里，根茎连同其他。
如果我能理解，小小的花，
你到底是什么，根茎连同其他，一切的一切，
我也许就明白什么是上帝和人了。

而芭蕉的俳句是这样的：

当我仔细端详
一朵花盛开
在篱笆旁！

两首诗的差别是非常明显的。丁尼生对那朵花的反应是**占有**它。他将它"根茎连同其他"全部"拔"出来。虽然在结尾处丁尼生思索上帝和人的本质，并追问这朵花在他思索过程中所起的作用，但是这朵花却由于他的兴趣遭到扼杀。通过这首诗我们可以看到，丁尼生就像西方的科学家，以探索真理为由肢解生命。

芭蕉对花的反应截然不同。他不想把它摘下，甚至没有碰触它。他所做的只有"仔细端详"。铃木写道：

芭蕉很可能正走在一条乡间小道上，不经意间发现了篱笆旁的什么东西。他凑过去查看一番，发现那不过是一株野花，如此不起眼，很难被行人发现。这一平凡的事实由诗中平实的语言记录下来，并没有表达什么诗情，只有最后两个音节例外，它们是日语中的小品词"kana"。在日语中，这个小品词往往与名词、形容词或副词连用，以表达惊羡、赞美、悲伤或者欢乐的情绪，通常可以翻译成英文里的惊叹号。这首俳句就是以惊叹号结尾的。

丁尼生似乎需要通过占有这朵花来理解人和自然，而他的**占有**使这朵花遭到了毁灭。但芭蕉只希望看一看，并通过看这朵花，使自己与花"合二为一"，让它继续生长。丁尼生和芭蕉的差别在歌德的诗中解释得很清楚：

发现

我在树林里
茫然漫游，
我的思想里
无所寻求。

我看到荫处

小花一朵，
好像是明星，
又像是明眸。

我想采下它，
它婉言道：
难道采下我，
让我枯掉？
我于是把它
连根掘起，
带回家中去，
放在园里。

拣了个幽处，
把它种下；
它长出新枝，
继续开花。[①]

歌德漫无目的地去散步，被一朵美丽的小花吸引。跟丁尼生一样，他坦承动了想要摘下它的念头。与丁尼生不同的是，歌德

① 此处译文来自1982年上海译文出版社出版的《歌德诗集》上卷。——译者

意识到摘下花儿就意味着杀死它。歌德觉得这朵花如此鲜活，它在对他倾诉、在劝诫他。于是他采取了与丁尼生和芭蕉不同的行动。他把花儿“连根掘起”，又重新种下，这样它的生命就不会毁灭。歌德所处的位置在丁尼生和芭蕉之间，对他而言，在关键时刻，生命的力量战胜了纯粹的求知欲和好奇心。毫无疑问，这篇美好的诗文表现了歌德对待自然研究的基本态度。

丁尼生与花的关系就是占有型模式，不是物质上的据为己有，而是对知识的占有。芭蕉和歌德与花的关系是存在型模式。这种存在型模式指的是，人们既不占有也不渴望占有任何东西，它是一种充满喜悦的生存方式，让人更富有创造力，达到与世界同一的境界。

歌德是生命的热情守护者，是反对肢解人、反对将人机械化的杰出斗士，他的很多诗作都支持存在而反对占有。他在作品《浮士德》（*Faust*）中对占有和存在这两种生存模式的冲突作了戏剧化的描述，魔鬼靡菲斯特（Mephistopheles）就是占有的化身。在下面这首小诗中，他用简洁明了的语言表达了生存的实质：

财产

我一无所有，这我知道，
我只有思想，不受干扰，
从我灵魂里奔涌流淌。

还有每刻大好的时光，
拜命运垂爱，
让我由衷地欣赏。

存在与占有的差别本质上并不存在于东西方文化之间。它们的差别实际上存在于以人为中心的社会和以物为中心的社会之间。以占有为导向是西方工业社会的特点，对金钱、名望和权力的贪恋是生活的绝对主题。在一些异化程度较低的社会里，比如中世纪社会、祖尼族印第安人社会以及尚未被现代“进步”思想影响的非洲部落，他们都有自己的“诗人芭蕉”。也许经过几代人的工业化，日本人也将拥有自己的“丁尼生”。并非西方人不能完全理解东方的思想体系，比如禅宗（荣格是这样认为的），而是现代人无法理解不以财产和贪欲为中心的社会精神。实际上，尽管埃克哈特教士的思想跟芭蕉和禅宗一样艰深晦涩，两者却是共通的，埃克哈特和佛教思想就像同一种语言的两种方言。

惯用语的变化

近几个世纪以来，存在和占有模式的消长变化很明显地体现在西方语言当中——名词的使用增多，而动词的使用减少。

名词是对一个物体的特定指称。我可以说我**有**一些物品，比如一张桌子、一幢房子、一本书和一辆车。对一个行为或过程的特定指称方式是动词，比如我是、我爱、我想要、我憎恨，等等。但更常见的是一个**行动**以一种**占有**的方式表达出来，即使用的是名词而不是动词。将**占有**与名词连用以表达一个行动，这是对语言的谬用，因为过程和行动是不能被占有的，它们只能被体验。

曾经的评论：杜・马雷(Du Marais)和马克思

人们早在十八世纪就认识到这种混用的恶果。杜・马雷在其去世后发表的《语法的真正原则》(1769)中对这一问题进行了精辟的论述。他写道："在'我有一只表'这个例句中，'我有'应从本意上去理解；但在'我有一个主意'这句话中，'我有'只是对前一种说法的模仿，是一种借用的表达。'有一个主意'指的是我'想到'或'以某种方式想出'；'我有一个向往'意思是我'渴望'；'我有意愿'指的是我'想要'，诸如此类。"(我要感谢诺姆・乔姆斯基博士，我是从他那儿了解杜・马雷的。)

在杜・马雷观察到这种名词对动词的替代现象一个世纪之后，马克思和恩格斯在《神圣家族》(*The Holy Family*)中讨论了同样的问题，但立场更为激进。在针对埃德加・鲍威尔(Edgar Bauer)的"批判的批判"所做的批驳中，他们有一篇关于爱的短小却十分重要的论述，他们在其中引用了鲍威尔的话："爱情女神十分残忍。像所有神一样，她希望得到一个男人的全部，除非这个男人献出自己的灵魂和肉体，否则她不会满足。膜拜爱神就是忍受痛苦；膜拜的顶点就是自我献祭，就是自杀。”

针对这一言论，马克思和恩格斯写道：“鲍威尔让爱情化身为‘女神’，通过把**爱着的人**或**人的爱情**变成**爱情的人**，爱情化身为‘残忍的女神’。他把爱情同人分开来，让爱成了独立的实体。”马克思和恩格斯在这里指出了名词代替动词的关键因素。名词“爱”是对爱这种行为的抽象，是跟人分离的。爱着的人变成了爱情的人，爱变成了女神，成了人投射爱恋的偶像。在这一异化过程中，人不再体验爱情，他只有完全拜倒在爱情女神脚下才能获得些许爱的能力。他不再是一个有感觉的活生生的人，而是异化成了一个偶像的膜拜者；一旦失去偶像，他便迷失了。

今天的用法

杜·马雷之后两百年过去了，名词代替动词的用法愈演愈烈，恐怕连他自己都难以想象。举个今天的语言当中典型而又稍许夸张的例子。假设一个人去找心理分析医生看病，他会这样开始对话：“医生，我**有**一个难题；我**有**失眠症。虽然我**有**漂亮的房子、可爱的孩子和幸福的婚姻，但我**有**很多焦虑。”几十年前，病人不会说“我有一个难题”，而会说“我很困扰”；不会说“我有失眠症”，而会说“我睡不着”；不会说“我有幸福的婚姻”，而会说“我结婚了，很幸福”。

现在的语言风格表明当今社会已高度异化。通过用“我**有**一个难题”来替换“我很困扰”，主体的体验被消除了，“我”的体验被替换成了可被占有的“它”。我的情感转化成了我所拥有的东西——一个难题。但“难题”是各种困难的抽象表述。我不可能**占有**一个难题，因为它不是可以被占有的东西。相反，它能占有我。也就是说，我把**自己**变成了一个“难题”，然后被自己创造出的“难题”占有。这种表达方式透露了潜在的、无意识的异化。

当然，我们可以说失眠就像嗓子疼或牙疼，是一种身体症状，因而一个人完全可以说他**有**失眠症，就好比说他**有**嗓子疼的症状。但两者存在差别：嗓子疼或牙疼是剧烈程度不一的身体感觉，而不是心理上的感受。一个人**有**嗓子疼的症状，因为他有喉咙；一个人有牙疼的症状，因为他有牙齿。然而，失眠不是一种身体感觉，而是一种精神状态，是睡不着觉的状态。当我说“我有失眠症”而不是“我睡不着”，我泄露了心里的一种愿望，即希望把让我睡不着觉的焦虑、不安和紧张一扫而光，然后像对待身体症状一样对待这个精神现象。

再举一例，说“我对你**有**强烈的爱”是毫无意义的。爱并不是一个可被拥有的物品，爱是一个过程，一种让人身不由己的内心活动。我可以去爱，我可以沉浸在爱情之中，但是在爱里我不占有任何东西。事实上，占有得越少，就能爱得越多。

词 语 溯 源

“占有”是个貌似简单的词语。每个人都拥有某些东西：身体[①]、衣服、住房，到如今人们拥有汽车、电视、洗衣机，等等。生活中不拥有任何东西是不可能的。那么为什么占有是有问题的呢？“占有”一词的语言发展史表明，这个词语确实存在问题。对于那些认为占有是最自然的人类生存方式的人来说，当得知有些语言当中没有“占有”一词，会感到非常吃惊。比如在希伯来语当中，“我有”必须用间接形式“jesh li”表达，意思是“对我而言”。实际上，用这种方式表达占有的语言占大多数，它们都不是直接说“我有”。有趣的是，在很多语言的发展过程中，“对我而言”的结构逐渐发展为“我有”这一结构。埃米尔·本韦尼斯特(Emile Benveniste)指出，这一演变顺序不存在相反的情况。[②]这个事实表明，“占有”一词的发展是随着私有财产的发展而来的；而在功能性财产占主导的社会，拥有财产只是为了日常使用，因而“占有”这个词语是不存在的。这个假说是否正确或在何种程度上正确，将有待于社会语言学家们继续研究。

---

① 这里应该指出，或者至少应该提一下，人与自己的身体之间也有一种存在型关系。人们体验到自己的身体是鲜活的，可以用“我就是我的身体”而非“我拥有我的身体”来表达。所有感官意识的实践都在试图实现身体的存在型体验。

② 语言学引用均来自本韦尼斯特。

如果**占有**是个相对简单的概念，那么**存在**，或者它的动词形式“是”(be)，理解起来要困难和复杂得多。它有几种不同用法：(1)用作连系动词，比如“我是高个子”、“我是个穷人”、“我是白皮肤”，在语法上意指某种同一性(许多语言没有这个意义上的“是”；西班牙语中表示主语本质属性用“ser”，表示主语临时特征用“estar”，二者是有区分的)；(2)用来构成动词的被动态，比如“我被打了”(I am beaten)表示我是他人行为活动的对象，而不是我的行为的主体[如“我打人”(I beat)]；(3)用来意指存在。本韦尼斯特认为表示存在的“是”与表示同一性的系动词“是”完全不同，“虽然它们一直共存并仍将共存，但它们实际上是两个不同的词”。

本韦尼斯特的研究对作为实义动词的“是”作出了新的解释，而不仅仅把它当作连系动词。在印欧语系当中，“是”通过词根“es”表示，意思是“在现实中存在”。存在和现实被定义为“真实、可靠、确实的东西”。(梵语中，sant 表示“存在的、好的、真实的”，最高级 sattama 表示“最好的”。)因此从词源词根上看，“是”不仅仅表示主语和特点之间的同一性，也不仅仅是用来描述某一现象，而是意指某人或某物的真实存在，用来表达他/她/它的真实性和确实性。如果说某人或某物是实在的，我们指的是其本质而非表象。

对“有”和“是”词义的初步探讨可以得出以下结论：

1. 我所说的“有”和“是”并非指的是独立于主体的特质，如例句“我有一辆车”、“我是白皮肤”或“我是开心的”。我指的是两种根本的生存模式,是对待自我和世界的两种不同取向,是两种不同的性格结构;而占支配地位的性格结构能决定人的总体思维、情感和行为。

2. 在占有型生存模式中,我跟世界的关系是一种占有和支配:我想把一切据为己有,包括我自身。

3. 在存在型生存模式中,我们应该认识到存在的两种形式。一种与杜·马雷所说的**占有**相对,指的是与世界鲜活、真实的联系。另一种存在与**表象**相对,指的是人与物的真实本质和现实,而不是欺骗性表象,正如本韦尼斯特在探究“是”的词源时所指出的那样。

存在的哲学概念

存在的概念异常复杂,它是成千上万种哲学书籍的主题,而“存在是什么?”一直都是西方哲学的核心问题之一。虽然本书主要从人类学和心理学的角度来讨论存在问题,但哲学上的讨论与人类学问题不无关联。上到前苏格拉底哲学,下到现代哲学,想要简要陈述存在概念在哲学史上的发展必定会超出本书范围,因此我只想指出关键的一点:过程、**活动和运动是存在的要素**。诚如格奥尔格·齐美尔(George Simmel)指出的那样,存在意味着变化,即存在是不断成为,这一观点在西方哲学初期和鼎盛时期的两位毫不妥协的伟大代表就是赫拉克利特和黑格尔。

巴门尼德、柏拉图和经院派“现实主义者”们认为，存在是无时间性、永恒不变的物质，与形成和变化对立，这只有在唯心主义观念基础上才站得住脚，也就是把思想和理念当作终极现实。如果柏拉图式的爱情理念比爱情体验更真实，人们可以说爱作为一种理念是永恒不变的。但如果我们从活生生的人的实际出发，从人的爱、恨和痛苦出发，那就没有一种存在不是在不断地变化和成为着。生命结构只有不断变化才能存在，变化和成长是生命过程的内在特质。

赫拉克利特和黑格尔认为生命是过程而非物质，这一激进的生命观与东方世界的佛教哲学类似。佛教思想认为不可能有永恒存在的实体，无论是物体还是自我。唯有过程真实存在。[①] 由于当代自然科学的发现和运用，“过程思维”的哲学概念得到了复兴。

占有与消费

在讨论占有以及存在型生存模式的简单实例之前，有必要

① 费泽尔(Z. Fišer)是一位鲜为人知却非常杰出的捷克哲学家，他把佛教的过程概念与真正的马克思哲学联系起来。不过这本著作只以捷克语出版，因此大部分西方读者都无法读到。(我是从私人的英文译本了解到它的。)

提及占有的另一种表现形式，那就是**吸收**。吸收一样东西——比如通过吃、喝的方式——是占有的一种古老形式。在生长的特定阶段，婴儿会把他想要的东西放到嘴里，这就是婴儿占有物品的方式，因为身体发育不允许他通过其他的控制方式来占有物品。我们可以在一些食人文化中找到同样的吞食与占有的联系。比如，当我吃掉一个人，我就拥有了他的能力，食人以这种方式神奇地等同于获取奴隶。吃掉一个勇士的心脏，我就拥有他的勇气；吃掉一只受崇拜的动物，我就获得这只图腾动物所象征的天赋特质。

当然，大多数物品无法以实体的方式被吸收，即使可以这样做，也会在这一过程中不复存在。但还存在**象征**性和**魔法**形式的吸收。只要我相信我吸收了神、父亲或是某种动物的形象，它将不会消失不在。我象征性地吞下一个物体，并相信它象征性地存在于我体内。就好像弗洛伊德这样解释超我：它是对父亲的戒律和命令的总体性内化吸收。权威、体制、理念以及形象都能以同样的方式被内化吸收：我**占有**它们，就好像把它们永远保存在五脏六腑之中。（“融合”和“认同”常作为同义词使用，但很难确定它们是否为同一过程。不管怎样，不能笼统地使用“认同”，有时“模仿”和“屈从”是更好的表达。）

有很多吸收的形式与生理需求无关，因而也不受限制。消费主义的固有态度是吞下全世界。消费者是永远哭着找奶瓶的乳儿。像酗酒和吸毒这样的病态行为也明显是这个原因。

我们显然对这两种成瘾行为予以特殊对待，因为它们会破坏上瘾者的社会责任感。吸烟成癖不会受到同样的谴责，虽然它具有一样的成瘾性，但它不会妨碍吸烟者发挥社会职能，只可能缩短他的寿命。

本书后面部分会对不同形式的日常消费主义予以更多关注。在此我仅想说明，在闲暇时间里，汽车、电视、旅行和性爱是今天消费主义的主要对象，虽然我们将之称为“闲暇活动”，但它们准确地说是“闲暇被动”。

总而言之，消费是占有的一种形式，而且可能是今天富裕的工业社会里最重要的一种形式。消费行为的面貌模糊不清：一方面消费可以消除焦虑，因为一旦占有一样物品，它就不会被拿走；但消费行为要求人们不断消费更多，因为之前的消费很快就不再让人感到愉悦。现代消费者以这样的公式认同自己：我的存在＝我所占有和消费的东西。

第二章 日常经验中的占有和存在

我们所处的社会致力于攫取财富以及获取利润，因而我们很少看到存在型生存模式的证据，并把占有型模式当作最自然的生存方式，甚至是唯一可取的生活方式。所有这些都让人格外难以理解存在型模式的本质，让人觉得占有型模式是唯一可能的方向。然而，这两种模式的概念都根植于人类的生存经验中，不应也不能以完全抽象、理智的方式来考察它们。两者都反映在我们的日常生活中，必须具体对待。下文列举了一些生活中可以看到的占有和存在的例子，或许可以帮助读者理解这两种生存模式的区别。

学 习

以占有型模式进行学习的学生会去听讲座。他们听到一些词语并理解其逻辑结构，尽可能地将它们一字一句地记在活页笔记本上，以便日后记忆从而通过考试。但讲座内容并不会内化为学生个人思想体系的一部分，使其更加丰富和宽广。相反，他们把词语转化为僵死的思想或理论群组储存起来。学生和讲座内容之间没有实质联系，学生只不过成了一系列言论的拥有者。这些言论由他人发表，既可能由他人原创，也可能取自另一来源。

以这种方式学习的学生只有一个目的——紧紧抓住“学到的”内容，不管是完全依赖自己的记忆还是认真复习课堂笔记。他们不必创造新的东西。事实上，**占有型**学习者会因为一门课程的新思想和新观念而感到不安，因为新的东西会质疑他们已经占有的固定的信息整体。的确，对于那些主要以占有的方式与世界发生联系的人来说，不能固定下来（或者记录下来）的想法都是令人恐惧的，它们就像所有发展、变化的事物一样难以控制。

对于以存在的方式与世界发生联结的学生来说，学习过程的性质完全不同。首先，他们不会像一张白纸那样去听课程讲座，哪怕是第一节课。他们已经事先思考过讲座会涉及的问题，并且在头脑中形成了自己的疑问。他们思索讲座议题并兴味盎然。他们不会被动接受别人的词语和思想，他们会去聆听，并且**听到**了；最重要的是，他们**接受**并做出积极有效的**回应**。他们听到的内容刺激了他们自己的思考过程。新问题、新想法、新角度在他们头脑中产生。听讲座是个积极活跃的过程。他们带着兴趣聆听，听到了老师的话，并自发做出积极回应。他们不是简单地获取知识，然后回家背诵。每个学生都受到影响并发生变化，每个人都不再是听讲座之前的那个他/她。当然，这种学习模式只有在讲座内容发人深省时才有可能。在存在型模式下，夸夸其谈的讲座不会得到任何回应，学生甚至还是不听为好，不如专注于独立思考。

我觉得至少应该简要提及一下“兴趣”一词，它在目前的使用中已经变得苍白无力。但它的本质意义蕴含在其英语词根inter中。拉丁语中“兴趣”一词是interesse，意思是“身处其中”。这种积极的兴趣在中古英语中用词语“to list”(形容词形式listy，副词形式listily)来表达。在现代英语中，“to list”仅用来表达空间意义，如“a ship lists”的意思是“船只倾斜”；只有它的否定形式“listless”(意思是“倦怠的”)还保留这个词原有的心理上的意义。“to list”曾经指的是“积极地追求”、“由衷地感兴趣”。另一个词lust(意为“欲望”)也有同样的词根，但“to list”不是指受欲望驱使，而是指积极自由地产生兴趣并努力追求。“to list”是十四世纪佚名作者在《未知的迷云》中所用的核心词汇之一[伊夫林·昂德希尔(Evelyn Underhill)编纂]。今天的语言仅保留了这个词的否定意义，这一现象表明了社会精神从十三世纪到二十世纪的转变。

记　忆

记忆可以发生在占有或是存在型模式下。两种记忆最大的不同是产生的联系不同。占有型模式的记忆是机械的，词与词之间建立联系靠的是不断重复；联系也有可能完全建立在逻辑关系上，比如反义词之间、相似的概念之间，或是时间、空间、大小、颜色关系，抑或处于同一思想体系之中。

在存在型模式下，记忆积极地唤起词语、观点、场景、绘画、音乐，即记起一个数据的同时联想起很多相关数据。在存在型模式的记忆中，联系既非机械的，也不是纯粹逻辑性的，而是鲜活的。当人们搜寻合适的词语时，经过积极地思考和感受，一个又一个概念被激活。举个简单的例子，如果我把词语“疼痛”或“阿司匹林”跟词语“头疼”联系起来，那我还没有脱离逻辑和传统的轨道。但如果我把词语“压力”或“气愤”与“头疼”相联系了，我就把现象跟可能的后果相联系了，这是我在研究现象后得到的洞见。这后一种记忆本身包含着积极思考。这种活生生的记忆最突出的例子就是弗洛伊德提出的“自由联想”。

对囤积知识不感兴趣的人发现，他们的记忆要想发挥得好，需要强烈、即时的**兴趣**。比如，有人会在至关重要的时刻忆起忘记了很长时间的外语词汇。以我自己为例，我的记忆力不算特别好，但当我与一个病人面对面并把注意力集中在他的人格面貌上时，我就能记起曾经分析过他的梦，不管那是两周还是五年前。而在此之前五分钟，冷不丁让我记起他的梦，我是办不到的。

存在型模式下的记忆意味着把之前的所见所闻激活。我们可以通过在脑海里浮现曾经见过的人和景色来体验一下这种创造性的记忆方式。我们不会马上想起这个人或景色，我们必须重造它、唤醒它。有时这种记忆并不容易。要想唤起一张脸或一个景致，我们必须曾经足够专注仔细地看过它。一旦这样的记忆被唤起，记忆中的人或景致就会栩栩如生，仿佛就在眼前一般。

以占有型模式来记忆一张脸或一个场景，典型的方式就是看照片。照片仅仅能够帮助人们认出一个人或景色，人们对照片的一般反应是“对，就是他”或者“对，我去过那儿”。对大多数人来说，照片变成了**异化**的记忆。

笔记是另一种异化的记忆。通过记笔记，我们**占有**了那些信息，也就不需要把它们印刻在大脑里。我对自己的占有很自信，但一旦我把笔记本丢了，也就把该记忆的信息丢了。我的记忆能力离我而去，因为我的记忆库以笔记的形式成为外化于我的存在。

现代人要记住的资料非常多，完全不做笔记、不用参考书是不可能的。但是记忆被取代的倾向越来越严重，已经到了极不合理的地步。人们很容易通过自身观察到，记录使得我们的记忆力减退。几个简单的例子可以证明。

一个例子发生在商店里。对于两三件商品的总价，今天的售货员很少心算，都会马上使用计算器。另一个例子发生在教室里。教师们发现仔细记录讲座中每一句话的学生很可能在理解和记忆上都不如那些依靠理解力从而至少能记住要点的学生。另外,音乐家们发现那些读谱很轻松的人离了乐谱就很难记住音乐。[①] 托斯卡尼尼(Toscanini)就是个很好的例子,他是个以存在型模式来记忆的音乐家,因此记忆力好得惊人。最后一个例子来自我在墨西哥的观察。在那里我发现很多文盲或很少写字的人的记忆力比读写流利的工业国家居民强得多。抛开其他因素,这说明读写能力并不像宣传的那样是件好事,尤其当人们仅仅用这种能力去阅读那些使人丧失感受力和想象力的东西时。

交　谈

举两个交谈的例子可以帮我们看到占有和存在这两种模式的区别。例如,在一场传统辩论中有 A 和 B 两个人,分别持有 X 和 Y 两种观点。每个人都认同自己的观点。每个人在乎的只是找到更好、更有道理的论据来支撑自己的观点。没有人会指望自己或对手改变观点。每个人都害怕改变自己的观点,这是因为观点为其所有,放弃自己的观点就好像失去自己的财物。

如果谈话不是一场辩论,情况会有所不同。我们都有过这

---

① 这一信息由摩西·布德莫尔博士(Dr. Moshe Budmor)提供。

样与人会面的经历：这个人可能很有地位、名望或者气质；抑或我们有求于人，希望获得一份好工作，或是被爱、被赞扬。在这样的情况下，很多人都会有些紧张，并为这个重要的会面做准备。他们事先想好有趣的话题，想象自己该如何开场，有人甚至会规划好整个对话中自己该说什么。或者他们会为自己打气，盘算自己所**占有**的一切——过去的成功、迷人的个性（或是令人生畏的个性，如果这个形象更有效）、社会地位、人际关系、外表以及行头。简而言之，他们在头脑中掂量自己的价值，并在这番评估之后于接下来的谈话中亮出自己的“货品”。长于此道的人确实会赢得很多人的注意，不过这种关注仅仅部分来自于这个人的表现，更多来自于大众判断力的贫乏。然而，如果这个人不够聪明，他不但不会引起别人的兴趣，还会显得呆笨、做作和乏味。

与之相反，有些人在会谈前不做任何准备，也不会以任何方式来支撑自己。他们的回应是自发而丰富的。他们忘掉自身，忘掉自己的学识和地位。他们的自我不会将他们挡住，正因如此，他们能完全回应对方及其想法。因为不会患得患失，他们更能创造和分享，因此能够产生新的想法。占有型的人依赖他们所**占有**的东西；存在型的人依靠他们**存在**着这一事实：他们相信活生生的自己，相信如果放下一切去积极回应，新的东西就会产生。他们在交谈中是活泼的，因为他们不会焦急地盘算自己拥有什么，从而扼杀自己的活力。这种活泼具有感染力，常常会帮助对方超越以自我为中心的心理。这样一来，交谈不再是商品（信息、知识、地位）交换，而是不在乎对错的对话。双方共同起舞，散场的时候带着喜悦，而不是带着贫乏的胜利感或失败感。（心理分析治疗的关键因素就是治疗师是否能够活跃气氛。如果治疗氛围死气沉沉，再详尽的心理分析解释都没有效果。）

阅　读

以上论及交谈的情形同样适用于阅读，因为阅读实际上是作者与读者之间的交谈。当然，阅读与跟人交谈一样，重要的是读谁的书或者跟谁交谈。阅读一本粗制滥造的小说就像做白日梦，它不会激发积极的回应，小说就像电视剧或是看电视时大口嚼着的薯片一样被囫囵吞下。但优秀的小说（比如巴尔扎克的小说）可以在人的心里产生共鸣和积极的回应——即以存在型模式进行阅读。只是也许大多数时候，人们仅以消费的方式，也就是占有型模式来阅读。他们产生了一些兴趣，想知道故事情节，比如主人公是死是活、女主人公有没有失身，他们想知道答案。小说就像是让他们兴奋的前戏，而结局，无论是喜是悲，才是体验的高潮。当他们知道了结局，他们就**占有**了整个故事，仿佛可以日后在记忆里翻箱倒柜一番。但他们并没有提升自己的知识：他们不懂得书中的人物，没有获得关于人性的深刻见解，也没有更加了解自己。

哲学和历史书籍也是如此。人们阅读哲学、历史书籍的方式被所受的教育定型，或者说“变形”更合适。学校致力于为每位学生提供一定的“文化财产”，然后在结束时颁发证书，证明学生至少**占有**最少量的这种财产。学生学会阅读书籍，为的是复述作者的主要思想。学生就是这样“知道”柏拉图、亚里士多德、笛卡儿、斯宾诺莎、莱布尼茨、康德、黑格尔和萨特的。从高中到研究生，不同层次教育的区别仅仅在于学生获得文化财产的多寡，与之对应的大体是学生日后能赚取的物质财富的数量。那些所谓的优秀学生能够精确地复述每一位哲学家的话。他们就像博物馆里经验丰富的导游。他们没有学到这种知识财产之外的东西，不懂得质疑这些哲学家、跟他们对话；没有意识到哲学家们自身的矛盾以及那些他们遗漏或是避而不谈的问题；他们不会区分什么是新的观点，什么只不过是哲学家们不经意间表达的那个时代的“常识”；他们不懂得区分什么时候作家在用头脑说话，什么时候作家的心跟头脑一起说话；他们无法发现作家是真诚还是虚伪；凡此种种，不一而足。

存在型模式的读者常常发现广受赞誉的书籍可能并无价值，或者价值非常有限。他们对书的理解很深刻，有时甚至比作者更透彻，因为作者可能觉得自己写下的所有东西都一样重要。

行使权威

占有和存在型模式的差别也体现在行使权威上。关键的一点体现在“**拥有**权威”和“**作为**权威”的不同。我们几乎每个人在人生的某个阶段都行使过权威。不管愿不愿意，抚养子女的人必须行使权威，这样才能保护孩子免受伤害，才能给予他们最起码的建议，告诉他们在不同状况下应采取什么样的行动。在父权制社会，女人是男人行使权威的对象。在像我们这样的社会当中，官僚主义盛行、等级森严，大部分人都在行使权威，只有社会最底层的人例外，他们仅是实施权威的对象。

我们对两种生存模式中权威的理解取决于对“权威”一词的认识。“权威”是个广泛的概念，包含两种截然不同的意义，即“合理的”权威和“不合理的”权威。合理的权威建立在能力的基础上，能够帮助倚靠它的人成长。不合理的权威建立在权力基础上，剥削所有屈从于它的人。（我在《逃离自由》一书中讨论了两者的区别。）

在最原始的社会，即捕猎者和采集者的社会，权威由大家公认的最能胜任工作任务的人来行使。到底什么称得上胜任，取决于具体的环境，但大体上包括经验、智慧、慷慨、技巧、“气场”和勇气。很多这样的部落之中不存在永久的权威，在社会需要的时候权威就会出现。在不同场合中权威也不相同，比如战争、宗教行为、调解纷争。一旦权威赖以成立的这些素质消失或者减弱，权威也就终结了。类似形式的权威可以在很多原始社会中观察到，权威不是建立在体力上，而是建立在譬如经验和智慧这样的素质上。迪尔加多(J. M. R. Delgado)在 1967 年拿猴子做了一个新颖的实验，发现它们的首领哪怕只是短暂性地丧失让其胜任的素质，它的权威也会马上终止。

存在型权威不仅仅建立在履行社会职能所需的个人能力上，也根植于一个达到高度成熟和完善的人的本质之中。这样的人由内而外散发着权威感，根本无需下命令或者进行威胁和贿赂。他们是高度完善的个体，真实地展现着他们是什么样的人，展现着人可以到达的高度，而非仅仅依靠言行。伟大的哲学家们就是这样的权威。还有一些这样的人，尽管不像大师们一样完美，却存在于各种教育层次和文化氛围之中。(这也是教育问题的关键。如果父母自己是人格发展完善的人，且安于自己的内心，那么权威教育还是放任教育的争论就不存在了。孩子需要这种存在型的权威，并会对它做出积极的回应。相反，如果对孩子的要求家长自己都做不到，孩子就会对家长的压迫、疏忽或“灌输”进行反抗。)

随着等级社会的形成，与狩猎和采集社会相比，社会形态变得越来越庞大、越来越复杂，以能力为基础的权威让位于以社会地位为基础的权威。这倒不是说现在的权威一定能力不足，而是说能力不再是权威的关键因素。无论是君主制权威——君主的能力与素质由基因随机决定，还是心狠手辣的罪犯靠谋杀和阴谋上位；抑或是在现代民主制里，权威由选举产生，依据往往是候选人的面相和投入选举的财力，在这些情况下，能力和权威几乎没有任何关系。

但即使是以能力为基础的权威也会存在严重问题。一个领导可能在一个领域里有能力，在另一领域却无法胜任。比如有的国家领导人在战争时期能够胜任，在和平时期却能力不足；有的领导可能在事业初期诚实且充满勇气，但渐渐受到权力腐蚀，丢掉了一开始的良好素质；或者年龄和健康问题使领导力恶化。此外，我们必须考虑到对于一个小部落而言，成员们很容易评判权威行使人的行为；但对于数百万人的社会体系而言就不那么容易了，成员们只能通过公共关系专家打造的候选人的虚拟形象来作出评判。

不管领导人丧失能力与素质的原因是什么，在大多数庞大且等级森严的社会里，权威正在发生异化。权威最初那真实或者宣称的能力转变为制服或者头衔。一旦权威披上恰当的制服或者获得一定的头衔，外在的表示能力的符号就取代了真实的能力和素质。一个国王因为获得了这个象征权威的头衔，也就拥有了权威，尽管他可能是愚蠢、恶劣和邪恶的，即完全不具备成为这一权威的能力。只要他占有这一头衔，他似乎也就具备了相应的能力。皇帝即使是裸体，人们也会相信他穿着华丽的衣裳。

人们把制服和头衔当作实际的能力，这种现象不是自然而然发生的。拥有权威的象征物并从中获益的那些人必须麻痹民众，削弱他们的实事求是精神和批判思维能力，使他们相信虚构的谎言。任何人只要稍加思索就会明白，政治宣传破坏人们的判断力，陈词滥调使人麻痹屈从。人们会丧失独立性，不再相信亲眼所见和自己的判断，变得麻木不仁。人们相信谎言，对现实视而不见。

占有知识与知道

占有和存在型模式在知识领域里的区别体现在两种表达中："我占有知识"和"我知道"。**占有**知识是指获取和保存现有知识（信息）；**知道**具有功能性，是积极思考的过程与手段。

为了更好地理解存在型模式下知识的性质，可以看看佛陀、希伯来先知们、耶稣、埃克哈特、弗洛伊德和马克思等思想家对此问题的看法。在他们看来，知识始于我们认识到日常认知具有欺骗性，即我们所勾勒的现实图景并不是真正的现实，我们大多数人都处于半梦半醒的状态，没有意识到我们信以为真、以为不证自明的大部分东西不过是在社会生活的暗示下产生的幻象。因此，知识始于击碎幻象，即幻灭。知识意味着穿透表象、追根溯源，看到赤裸裸的现实。"知道"不是占有真相，它意味着透过表面现象积极、批判地朝真相不断努力靠近。

这种创造性的穿透力在希伯来语中用 jadoa 一词表达，意为“知道”和“做爱”，即男性性行为的插入动作。佛陀作为“觉悟的人”，呼吁人们觉醒，认识到物欲通向幸福不过是幻觉，应该将自己从这种幻觉中解放出来。希伯来先知们也呼吁人们觉醒，认识到他们崇拜的偶像不过是人们自己创造出来的幻象。耶稣说：“真相使人自由。”埃克哈特教士多次表达对知识这一概念的理解。当谈到上帝时，他说：“知识是这样一种认识，它剥去所有伪装，不偏不倚，赤裸裸地奔向上帝，直到碰触他并紧握他。”（“赤裸”是埃克哈特及其同时代的作家——《未知的迷云》的佚名作者——最爱用的词汇。）马克思说，人们必须摧毁假象，这样才能创造条件，使这些假象不必存在。弗洛伊德的自我认识概念就是建立在摧毁假象即“理性化”的基础上的，这样才能意识到无意识的现实存在。（作为最后一位启蒙思想家，弗洛伊德可以说是十八世纪启蒙哲学的革命性人物，但还不是真正意义上的二十世纪思想家。）

所有这些思想家都关注人类的救赎，都对社会普遍接受的思维模式进行了批判。对他们而言，知识的目的不是“绝对真实”带来的确定性和安全感，而是**对人类理性的自我确认过程**。对于不断求知的人来说，无知跟知识一样都是好的，因为两者都是求知过程的组成部分，当然这种无知跟毫不思索的无知是不同的。在存在型模式中，最好的知识是**深刻理解**的知识；而在占有型模式中，最好的知识就是**越来越多**的知识。

总体而言，我们的教育训练人们把知识当作财富一样去**占有**，以便日后拥有大体相当的财富和社会地位。人们受到的教育至少能满足他们正常工作的需要。除此之外，他们会得到“知识豪华大礼包”以提升他们的价值感，每个礼包的大小与其社会特权基本匹配。学校是生产这些知识礼包的工厂，尽管学校通常宣称要使学生了解人类头脑的最高成就。很多本科院校特别善于培育这些假象。从印度的思想和艺术到存在主义和超现实主义，这些知识像自助餐一样提供给学生，学生以自发和自由的名义这里挑一点、那里选一些，而不是专注于某一个课题，甚至不会读完一整本书。［参阅伊凡·伊里奇（Ivan Illich）对学校系统的缺陷所做的批判。］

信　仰

从宗教、政治和个人的角度看，信仰的概念也有两种截然不同的意义，这取决于是在占有型还是存在型模式之下。

在占有型模式下，信仰表示拥有一种答案，这个答案是可以被理性地加以证明的。它由他人的看法构成，来源于对他人——通常是对官僚机构——的屈从。因为官僚机构现实的或仅仅是想象中的权力，这样的信仰给人带来确定性。它是加入一大群人的入场券。它免去了人们独立思考、做出决定的大麻烦，使人成为正确信仰的“快乐拥有者”。在占有型模式下，信仰给人以确定感，宣称带给人们不可动摇的终极真理。它很容易让人相信，因为那些宣传和捍卫这种信仰的人拥有不可动摇的权力。确实，谁又不愿选择确定性呢？哪怕它要求人们放弃独立性。

上帝原本象征着我们内心所能体验到的最高价值，却在占有型模式下成为了一尊偶像。在先知们看来，偶像是我们自己创造的**物品**，我们把自己的力量投射上去，因而削弱了自身。我们屈从于自己的创造物，并由于这种屈从，用一种异化的方式与自己交流。当我像**占有**一件物品一样拥有一个偶像时，由于我们的屈从，它也就同时占有了我。一旦上帝变成偶像，他理应拥有的特质就与我们的个人体验毫不相关，就像政治教条外化于我们那样。我们可以把偶像赞颂为“仁慈的主”，但任何残酷的罪行都有可能在这一名义下发生，因为异化的信仰使人们抱成一团，甚至不会对最惨无人道的行为提出质疑。在占有型模式下，信仰为寻求确定性的人们提供了一副拐杖，他们想要关于生活的答案但又不愿自己去追寻。

在存在型模式下，信仰的面貌完全不同。离开信仰我们还能生活吗？婴儿难道不会坚信母亲的胸膛？难道我们不该相信他人，相信那些我们爱的人和我们自己吗？难道我们可以对自己坚持的生活准则缺乏信念吗？确实，失去了信仰，我们的内心深处就会变得贫瘠、绝望和恐惧。

在存在型模式下，信仰并不主要是相信某些观念（尽管这种情况也存在)，而是一种内在倾向、一种**态度**。相比说一个人“有信仰”，更好的表达是说一个人“生活在信仰中”。神学对信仰作了“信仰即所信”和“信仰即相信”的区分，类似于我们对作为内容的信仰和作为行为的信仰的区分。一个人可以对自己和他人充满信念，虔诚的人可以对上帝深信不疑。《旧约》中关于上帝最重要的一点就是，他是对人们可以**占有**的偶像以及神祇的否定。上帝的概念虽然仿照东方国王的概念而形成，但从一开始就是超验的。上帝不能有名字，也不能有画像。

后来，在犹太教和基督教的发展过程中，人们试图使上帝彻底地去偶像化，或者干脆规定禁止对上帝的特性做任何描述，以杜绝偶像化的危险。最激进的是基督教神秘主义思想，例如(伪)狄奥尼修斯·阿雷奥帕吉塔(Dionysius Areopagita)、《未知的迷云》的佚名作者和埃克哈特教士，他们倾向于把上帝的概念称作“至一”(The One)、抽象的“神格”(The Godhead)、“无-物”(No-thing)的概念，因此也就综合了《吠陀经》(*Vedas*)和新柏拉图主义的思想观念。内心深处对自我神性的体验使人们对上帝深信不疑，它是一个积极、持续的自我创造过程；或者如埃克哈特教士所说，这是一个基督永远诞生在我们内心的过程。

我如果深信自己、他人、全人类以及我的自我实现能力，那么这种信念同样暗含一种确定性，但这种确定性是以我自己的体验为基础的，而不是屈服于一个权威，由它来告诉我应该相信什么。这种对真理的确定性不能用确凿的证据来理性地加以证明，但我可以凭借自己的主观经验对它的真实性深信不疑。[在希伯来语中，emunah（“信仰”）一词的意思是“确定性”，amen（“阿门”）的意思是“确实地”。]

假如我确信一个人的人品，那么只要他活着，我就无法证实这一点。严格来说，即使他到死都保持着高尚的品格，从实证主义的观点看来，仍然不能排除这样一种可能，即如果他活得更长一些，他或许就有可能破坏人们之前对他的判断。我的确信是基于我对他人的深入了解，基于我对爱和高尚人性的体验。只有当我在很大程度上抛弃自我中心，在他人身上看到真实的那个他，认识到他的内在力量结构，视他为独立的个体同时又是普遍人性的一部分，我们才能获得对他人的确信。这样我就能知道，一个人有可能做什么，不可能做什么，以及将来会做什么。当然，我并不是说我可以预言一个人未来全部的行为，而是基本可以判断他的行为走向，因为这基于其根本的性格特征，比如正直和责任心，等等。[具体可参考《自我的追寻》（*Man for Himself*）中“作为性格特征的信仰”一章。]

这种信念建立在事实基础上，因此是理性的。但这些事实又不是能用通常的实证主义心理学的方法来确认和“证明”的。我作为一个活生生的人，只是“记录”这些事实的途径。

爱

在占有和存在两种模式下，爱也有两种意义。

人可以**占有**爱情吗？如果可以，要想拥有、占有和保有它，爱应该是一样东西、一种物质。而事实是，世上并没有一种叫"爱"的东西。"爱"是一种抽象，或许是一位女神或天外来客，不过谁也没有见过她。事实上，只存在**爱的行为**。爱是一种积极产出的行动。爱是关心、懂得、回应、确信和欢喜，不论爱的是一个人、一棵树、一幅画还是一个想法。它意味着赋予生命以及增加活力。它是一个自我更新、自我加强的过程。

占有型模式下的爱意味着约束、限制和控制爱的对象。它使人窒息，让人死气沉沉、喘不过气，是一种杀戮，而非给人活力。被人们称为"爱"的东西大都是对这个词的误用，以掩盖人们不爱的事实。到底有多少父母真正爱孩子，这仍是一个值得探讨的问题。劳埃德·德莫斯（Lloyd de Mause）指出，两千多年的西方历史充斥着父母虐待孩子的记录，涉及范围从身体到心理虐待，到疏于照料，到纯粹受占有欲支配，有的父母甚至是虐待狂。事实如此触目惊心，以至于让人认为慈爱的父母是异类而非常态。

婚姻也是一样。不论是建立在爱情基础上的婚姻，还是旧时建立在社会便利和习俗上的传统婚姻，真正互相爱着的夫妻似乎是例外。社会便利、习俗、双方的经济利益、共同抚养子女、互相依赖以及对彼此的憎恨和恐惧，都被人们有意识地当作“爱”来体验，直到有一天夫妻中的一方或双方意识到他们并不爱对方，甚至从来没有爱过。今天在这方面可以观察到一些进步，人们变得更加现实和清醒，很多人不再认为相互间的性吸引是爱，或把友好而疏远的团队合作关系当作爱的表现。这种新观念使人们更坦诚，也更加频繁地更换伴侣。这并不一定会导致爱情发生得更频繁，因为新的伴侣可能跟老的伴侣一样，并不爱对方。

从“陷入爱情”演变为“拥有爱情”的幻觉，这一过程可以在情侣爱情发展史的具体细节中观察到。（我在《爱的艺术》中指出，“陷入爱情”的“陷入”一词自相矛盾。因为爱是一种积极的行为，人只能“站立”或“行走”在爱情里，而不能“陷入”爱情里，因为这个词带有消极被动的意味。）

在求爱过程中，双方都对彼此不太确定，都努力讨对方欢心。双方都活泼、迷人、有趣甚至美丽，因为富有生气会美化一个人的面孔。他们都还没有**占有**对方，因此双方都集中精力于**存在**，即给与和激发对方。婚姻行为往往将这一情形完全改变。婚姻契约具有排他性，使得夫妻双方独占对方的身体、情感和关怀。他们不再需要讨对方欢心，爱情变成他们**占有**的财产。双方都不再努力变得可爱，不再激发彼此的爱，开始变得无趣，人也渐渐失去了美丽的光彩。他们感到失望和困惑。他们难道不再是之前的那两个人了吗？难道他们从一开始就错了吗？双方通常都在对方身上寻找变化的原因并感到受了欺骗。他们不明白他们都已不是当初互相爱着彼此的那两个人了，人可以**占有**爱情这种错误的观念使他们停止了爱。现在，他们不再爱对方，只是安于共同所有人的关系——共同占有金钱、社会地位、房子和子女。因此在一些案例里，婚姻始于爱情基础，而后转化为友好的共同占有关系，成为两个唯我的人汇聚而成的公司——我们称之为"家庭"。

如果一对夫妇无法克服对爱情的渴望，想要重燃当初的爱恋，其中一方就有可能幻想着寻找一个（或几个）新的伴侣来满足这种渴望。他们感到自己只想拥有爱情。对他们而言，爱情不是存在的表达，而是一位女神，他们愿意屈从于她。这样的爱情必然会失败，因为就像一首法语老歌所唱的，"爱是自由之子"。爱情女神的膜拜者终会变得消极无趣，从而失去之前的吸引力。

这样的描述并非暗示婚姻不是两个相爱的人的最佳归宿。问题不在于婚姻本身，而在于夫妻双方那种占有型的生存结构——当然说到底，还在于他们所处的社会。当下社会里有些人提倡群婚、交换伴侣、群体性交等同居生活方式，在我看来不过是以寻求新刺激的方式来抵抗枯燥。这些人想要更多"爱人"，却无法好好去爱哪怕一个人。这些行为都是在逃避爱情关系里的真正困难。[参阅《人类的破坏性剖析》（*The Anatomy of Human Destructiveness*，1973）一书第十章对"使人积极的"刺激和"使人消极的"刺激的区分。]

第三章 《新约》《旧约》以及埃克哈特教士著作中关于占有与存在的论述

《旧约》

《旧约》的重要主题之一就是：放弃你所占有的，将自己从一切桎梏中解放出来，去自由地**存在**！

希伯来部落的历史始于上帝对第一位希伯来英雄亚伯拉罕的命令。上帝让他放弃自己的土地和氏族："你要离开本地、本族、父家，往我所要指示你的地去。"(《创世记》，12：1)也就是说，亚伯拉罕必须放弃他所拥有的一切——土地和家庭，迁徙到未知的地方去。但是他的后裔们却在崭新的土地上扎根，并发展出了新的氏族。这一过程为他们带来了更加严重的桎梏。恰恰由于他们在埃及变得富有和强大，他们陷入了遭受奴役的境地。他们不再信奉上帝——游牧部落祖先们所信仰的唯一的神，转而崇拜起偶像来，让富人们信奉的这些神成为了他们的主宰。

第二位英雄是摩西。他奉上帝的命令去解放他的人民，带领他们离开那片已经成为家园的土地(尽管终归是奴隶的家园)，到沙漠里去“庆祝”。怀着不安和疑虑，希伯来人跟随摩西去到了沙漠里。

沙漠是解放的重要象征。沙漠不是家，没有城市，也没有财富，它是游牧民族生活的地方，这里的人们只拥有自己需要的东西，即生活必需品，而非财产。历史地看，《出埃及记》中记载了大量游牧民族的传统，很有可能这些传统决定了反对非功能性财产的倾向以及对沙漠生活的选择，因为这种生活是在为自由的生活做准备。然而这些历史因素只是强化了沙漠的象征意义——一种无财产负担的自由生活。犹太人节日庆典的一些主要象征物起源于与沙漠的联系。**无酵饼**是供那些要匆匆离去的人食用的，是居无定所的人的食物。**会幕**(Suka)是游牧人的家，它类似于帐篷，很容易搭建和拆卸。犹太法典《塔木德》把它定义为“临时住所”，是用来住的，而不是人们占有的“固定住所”。

希伯来人向往埃及的舒适生活，向往固定的居所、粗陋却有保障的食物以及那些看得见的神像。他们害怕一无所有的沙漠生活带来的不确定性。他们说：“巴不得我们早死在埃及地耶和华的手下！那时我们坐在肉锅旁边，吃得饱足。你们将我们领出来，到这旷野，是要叫这全会众都饿死啊！”(《出埃及记》，16：3) 在这整个关于解放的故事中，上帝总是对人的道德弱点作出回应。他答应为这些人提供食物：早晨给他们“面包”，晚上给他们鹌鹑。但上帝补充了两条重要命令：每个人应该按需取食。“以色列人就这样行；有多收的，有少收的。及至用俄梅珥量一量，多收的也没有余，少收的也没有缺，各人按着自己的饭量收取。”（《出埃及记》，16：17－18）

在这里，“各取所需”史上第一次作为原则被提出来，后随着马克思的著述而广为人知。人人都有吃饭的权利，这一点不容妥协。上帝就像母亲一样喂养着孩子，孩子不需要做任何特别的事来获得吃饭的权利。上帝的第二条命令是不许囤积、贪婪和攫取财物。以色列人受命不得储存任何东西到第二天早晨。“然而他们不听摩西的话，内中有留到早晨的，就生虫变臭了。摩西便向他们发怒。他们每日早晨，按着各人的饭量收取，日头一发热，就消化了。”（《出埃及记》，16：20－21）

与采集食物联系在一起的是**安息日**的概念。摩西要求希伯来人在星期五那天采集平时双倍的食物，“六天可以收取，第七天乃是安息日，那一天必没有了”。（《出埃及记》，16：26）

安息日是《圣经》和后来犹太文化中最重要的概念。它是“摩西十诫”中唯一一条人们严格恪守的戒律，哪怕是反对宗教仪式的先知们也坚持严格遵守它。犹太人两千多年流离失所，它是最严格遵守的戒律，尽管在离散的生活里要做到这一点困难重重。毫无疑问，安息日是犹太人的生命之源，他们散居各地、无权无势、备受蔑视和迫害，却靠着庆祝安息日来重获骄傲和尊严,仿佛自己是国王一般。难道安息日不就是普通意义上的休息日吗?至少在这一天,人们可以从工作负担中解脱出来。当然可以这么理解,而且这一作用使它几乎可以媲美人类进化史上的伟大创新。但如果仅仅是这样,安息日就无法起到我所描述的中心作用。

要了解安息日的作用,就必须深入理解这一制度的核心。它的意义不在于休息本身,不是说不付出任何体力和脑力。这种休息的意义在于重建人与人之间、人与自然之间的完美和谐。这一天人们什么也不能建造,什么也不能毁灭,它是人与这个世界的休战日。这一天也不许发生社会变化,甚至扯下一片草叶都被视为破坏和谐,点燃一根火柴也是一样。正是基于这个理由,在大街上搬东西是不允许的(哪怕这东西轻如手帕),但在自家花园搬重物没有问题。这说明禁止的不是搬东西这个行为,而是将东西从一块私有土地转移到另一块私有土地,因为这样的转移本质上是财产的转移。在安息日,人们好像一无所有地那样生活,除了**存在**别无他求,也就是说,人们表达自己最本质的生命力:祈祷、学习、吃饭、喝水、唱歌和做爱。

安息日是欢乐的日子,因为在这一天,人最能做自己。这就是为什么犹太教法典称安息日为弥赛亚时代的提前显现,称弥赛亚时代是永不终结的安息日。在这一天,财产、金钱以及哀悼和悲伤都是禁忌。时间被打败,只留下纯粹的存在。安息日的前身是巴比伦王国时代的沙巴图日(Shapatu),这是悲伤和恐惧的日子。现代的星期日是娱乐日、消费日，是逃离自己的一天。人们或许该问问，是否是时候把安息日定为全世界的和平日或和谐日，定为展望人类未来的日子。

犹太人对世界文化的另一个特别贡献是他们关于弥赛亚时代的愿景，其本质与安息日相同。跟安息日一样，这一愿景带给犹太人生存下去的希望。从二世纪的巴克巴（Bar Kochba）到现代，犹太人虽然对一系列假救世主失望至极，却始终没有放弃这个愿景。跟安息日一样，它是人们对未来时代的憧憬，那时财产将变得毫无意义，恐惧和战争将终结，表达人的本质生命力成为生活的目的。[1]

《出埃及记》中的历史以悲剧告终。希伯来人无法忍受全无**占有**的生活。虽然他们可以居无定所，只吃上帝送来的食物，但他们离不开一个看得见、摸得着的“领袖”。

因此当摩西消失在山中，绝望的希伯来人要求亚伦为他们打造一尊可以看得见的神像——一头金牛犊。可以说这是他们为上帝的错误而付出的代价，因为上帝允许他们把金银财宝带出埃及。跟金子一起带出来的还有他们对财富的渴望。当他们陷于绝望的时候，占有型生存结构就重新冒头。亚伦用他们的金子做了一头金牛犊，人们说：“以色列啊，这是领你出埃

---

① 我在《像上帝一样生存》（*You Shall Be as Gods*，1966）一书中分析了“弥赛亚时代”这一概念。对安息日的讨论也可以在那本书以及《被遗忘的语言》（*The Forgotten Language*，1951）中的“安息日仪式”一章中找到。

及地的神。”(《出埃及记》,32:4)

整整一代人逝去,甚至连摩西也不被允许踏入这片新的土地。但是新的一代人就像他们的父辈一样,失去了摆脱桎梏的能力,被死死地绑在这片土地上。他们攻占新的土地,铲除敌人,在新的土地上定居下来,并膜拜他们的偶像。他们把民主的部落生活变成了东方式的专制独裁,尽管规模较小,但是模仿起当时最强大的帝国来却一点不甘落后。革命失败了,唯一的成就是——如果可以称作成就的话——希伯来人现在成为了奴隶主而不是奴隶。若不是具有革命精神的思想家和预言家表达出新的思想并得以流传,这些希伯来人很可能已被忘却,成为近东历史学术专著里的注脚。跟摩西一样,这些思想家没有被领导者的角色腐蚀,也断然不需要采用独裁的统治方法[例如,全歼可拉(Korach)领导下的叛军]。

这些革命的思想家和希伯来先知们重新提出了人类自由的愿景,憧憬不受物质束缚的存在,反对屈从于人造的偶像。他们毫不妥协,并且预言,如果人们封闭地生活在一片土地上,不能自由自在,不能在热爱这片土地的同时又不迷失其中,那么他们将再次遭到驱逐。在先知们看来,被驱逐出国土是一个悲剧,但也是获得最终解放的唯一方式——不仅仅是一代人,而是许多代人将生活在新的沙漠上。先知们在预言新沙漠的同时,也传承了犹太人,最终也是全人类的信仰——一种许诺了和平与丰裕,又不会驱逐或消灭原住民的弥赛亚愿景。

这些希伯来先知真正的继承者是那些伟大的犹太学者，那些拉比们，其中最重要的一位就是犹太流散生活的创建者朱沙南·本·扎凯(Jochanan ben Sakai)。在抵抗罗马人的战争中(公元70年)，领导者们决定，与其战败失去国土，不如大家都战死；而扎凯却“叛国”了。他偷偷离开耶路撒冷，向罗马将军投降，并请求允许他建立一所犹太大学。这就是丰富的犹太传统的开端，同时犹太人开始失去他们曾经**占有**的一切：国家、寺庙、神职体系、军事官僚机构、祭祀用的牲口以及宗教仪式。他们丧失了一切，作为一个群体只剩下**存在**这一理想：认知、学习、思考和对救世主弥赛亚的期望。

《新约》

《新约》同《旧约》一样，反对以占有为取向的生活方式，而且其反对方式更为激进。《旧约》并不是穷人和社会受压迫阶层的产物，而是来源于拥有羊群的牧羊人和独立的农民。一千年之后，博学的法利赛人(Pharisees)创作了犹太法典《塔木德》，他们代表着社会的中间阶层，涵括从穷苦到富裕的广大民众。这两部典籍背后的民众都充满着社会正义感，主张保护穷人和帮助弱势群体，如寡妇和少数族裔人群(Gerim)。但总的来说，他们并没有把财富视为邪恶或与**存在**原则不相容的东西。[参见路易斯·芬克尔斯坦(Louis Finkelstein)的《法利赛人》(*The Pharisees*)。]

与之相反,早期的基督徒大都是穷苦、饱受社会歧视以及被压迫和被排斥的人。这些人就像《旧约》中的一些先知们那样,毫不留情地谴责财富以及世俗和教会的权力,痛骂有权有势的人,把他们称作不折不扣的魔鬼[见《基督的教义》(*The Dogma of Christ*)]。正如马克斯·韦伯(Max Weber)所说,耶稣在山上对门徒的布道实际上是一篇奴隶起义的伟大宣言。早期的基督徒团结一心,常常表现为一种自愿平分所有物资的愿望。[A. F.乌茨(A. F. Utz)讨论了早期基督教团体中的财产关系以及更早的古希腊的实例,福音书的作者路加(Luke)大概知道这些东西。]

早期基督教的革命精神在福音书一些最古老的章节里尤为突出,那些尚未脱离犹太教的基督教团体熟知这些章节。[这些古老的章节可以根据《马太福音》和《路加福音》的共同原始材料得以重构,并被专门研究《新约》史的专家们称为"Q"(Q来自德语 Quelle,意思是"源头")。这方面的基础研究可参阅西克弗里德·舒尔茨(Siegfried Schulz)的著作,他将"Q"文本的流传分为早、晚两种。]①

这些古老的章节有一个中心前提:人必须抛弃一切贪婪

① 感谢雷纳·芬克提供的关于这一领域的详细信息以及富有成效的建议。

和占有欲，必须从占有型生存结构中完全解脱出来；而一切积极的伦理规范都根植于存在、分享和团结的伦理体系之中。无论在对人还是对物的关系中，这都是一个基本的伦理立场。彻底放弃自己的权利（《马太福音》，5：39－42；《路加福音》，6：29－30）以及必须去爱自己的敌人（《马太福音》，5：44－48；《路加福音》，6：27－28，32－36），这些内容比《旧约》中提出的“爱人如己”（《利未记》，19：18）更加激进，也更加强调要完全破除私心和全心全意关心他人。勿要评判他人的准则（《马太福音》，7：1－5；《路加福音》，6：37－38，41－42）实际上是进一步要求忘记自我，尽全力去理解他人、为他人造福。

就对物的关系而言，这些文本要求完全放弃占有型生存结构。古老的基督教社团坚持认为人们应当彻底放弃财产，不应积累任何财物。“不要为自己积攒财宝在地上，地上有虫子咬，能锈坏，也有贼挖窟窿来偷；只要攒财宝在天上，天上没有虫子咬，不能锈坏，也没有贼挖窟窿来偷。因为你的财宝在哪里，你的心也在那里。”（《马太福音》，6：19－21；《路加福音》，12：33－34）本着同样的精神，耶稣说：“你们贫穷的人有福了，因为神的国是你们的！”（《路加福音》，6：20；《马太福音》，5：3）早期基督教实际上是穷苦受难的人的共同体，充满着世界末日即将到来的信念，相信时机已经成熟，现存的社会秩序即将永远消失，正如上帝的救赎计划所安排的那样。

“末日审判”的启示概念是当时犹太人中盛行的一种弥

赛亚救世观点。人们相信在最终的救赎和审判之前,会有一段时期的混乱和毁灭。这段时期如此糟糕,以至于犹太教的经师们请求上帝不要让他们继续生活在这个救世主到来之前的时代。基督教的崭新之处在于,耶稣及其追随者都相信,弥赛亚时代已经到来(或者即将到来),耶稣显现就是开始的标志。

实际上,人们会不自觉地把早期基督教的情况与当今世界发生的事情联系起来。不少人——其中大部分都是科学家而非宗教徒(那些"耶和华的见证人"除外)——都相信,我们可能正走向一场世界性的终极灾难。这种预见是理性的,在科学上是站得住脚的。但早期基督教徒的处境与今天相比截然不同。他们生活在鼎盛时期的罗马帝国,只居于其中的一小块地方。那时并没有什么灾难的预兆。但这一小群贫苦的巴勒斯坦犹太人仍然坚信,这个强盛的世界即将崩塌。当然,他们实际上是错的,耶稣并没有再次出现,因此福音书里把耶稣的死亡和复活解释为新时代的开端。继康斯坦丁大帝之后,人们试图把耶稣承接新旧时代的角色让位给罗马天主教会。最终,天主教会实际上成为了新时代的替代品,尽管这在理论上说不通。

对待早期的基督教必须采取一种更为严肃认真的态度,才能理解这一小群人那几乎令人难以置信的激进主义。他们仅凭自己的道德信念就对现存世界做出判决。而大多数不属于社会最贫困、最受压迫阶层的犹太人则不是这样。他们拒绝相信一个新时代已经开始，因而继续等待救世主弥赛亚的到来。他们认为，只有当人类（不只是犹太人）建立起一个历史意义上而不是末世论意义上充满着爱、和平以及正义的世界，弥赛亚才会到来。

较晚流传下来的Q文献是在早期基督教的晚期发展阶段中形成的，其中我们可以找到同样的原则。耶稣受到撒旦诱惑的故事以简明的方式表达了这一原则。这个故事谴责了占有欲、权力欲以及占有型生存结构的其他表现形式。撒旦将石头变成面包，这是第一次诱惑，象征着对物质的渴望。对此，耶稣的回答是："人活着，不是单靠食物，乃是靠神口里所出的一切话。"（《马太福音》，4：4；《路加福音》，4：4）撒旦接下来继续引诱耶稣，他许诺给予耶稣战胜自然的强大力量（改变重力法则）以及无限的权力，让耶稣统治世界上所有的王国。耶稣拒绝了（《马太福音》，4：5－10；《路加福音》，4：5－12）。（雷纳·芬克让我注意到，诱惑发生在沙漠中，这就再次涉及《出埃及记》的论题。）

耶稣和撒旦在这里代表着两种截然不同的原则。撒旦代表物质消费以及对自然界和对人的统治。耶稣代表存在，代表这样一种观点——放弃占有是存在的前提。自福音书问世以来，世界对撒旦的原则亦步亦趋。但即使这些原则大获全胜，也无法磨灭人们对于实现完满存在的向往。耶稣以及在他之前和之后的许多伟大哲人都表达了这样的向往。

为了坚持存在型生存方式，从而在伦理上严格反对占有型生存方式，这一做法可以在一些犹太宗教团体中看到，比如艾赛尼派（Essenes）和创作了《死海古卷》（*Dead Sea scrolls*）的教派。这一传统贯穿整个基督教的历史，并由那些恪守清贫和无财产誓言的宗教团体延续下来。

早期基督教的这种激进观点在一些神父的著作中有不同程度的反映，他们在这方面同时受到希腊哲学中关于私有财产和公有财产思想的影响。由于篇幅有限，不能对这些训诫详加论述，一些相关的神学和社会学文献也不能一一列举了。[①] 虽然各种观点激进程度有所不同，而且随着教会体制愈发强大，观点的激进性就会相应减弱；但不可否认的是，早期的宗教思想家都严厉谴责奢侈、贪婪，并且都蔑视财富。

公元二世纪中期，殉道者游斯丁（Justin）写道："我们当中那些曾经喜爱钱财（可动产）和产业（土地）胜过一切的人，现在把自己所拥有的一切变成公共财产，与需要的人分享。"在《致丢格那妥书》（*Letter of Diognetus*，公元二世纪）中有一段有趣的话，让人想起《旧约》中关于失去故土的看法："任何异乡都是他们（基督徒）的故国，每个人的故国对他们来说都是异乡。"基督教神学家德尔图良（Tertullian，公元三世纪）认为，所有的贸易都

---

① 可参阅乌茨、席林（O. Schilling）以及舒马赫等人的著作。

源于贪婪，因此没有贪念的人没有必要进行贸易。他断言商业贸易总伴随着偶像崇拜的危险，并把贪婪称作万恶之源。①

和其他一些神父一样，巴希里奥斯（Basilius）也认为所有的物品都是为人服务的。他提出了一个很能反映他观点的问题："谁要是拿了别人一件衣服，就会被称作是贼；但如果一个人有能力为穷人提供衣物以蔽体却不这么做，除了贼之外还能称他为什么呢？"（引自乌茨）巴希里奥斯强调物品原本的共有性，因而一些人认为他代表共产主义倾向。作为这一节的结束，我想引用希腊神学家克里索斯托穆斯（Chrysostomus）的告诫：不要过度生产和消费。他说："请不要说我在使用我自己的东西。你使用的是外在于你的东西。放纵和自私地去消费使得你的物品异化。我之所以这么说是因为，当你无情地消耗一件物品并坚称自己是对的，你就与自己的物品远离了。"

我还可以用好几页的篇幅引用神学家们的观点，他们都认为私有财产以及任性地消费任何财物都是不道德的。但是，哪怕前文为数不多的引证也足以说明，从《旧约》时代到早期的基督教，直至后来的数个世纪，这种反对占有取向的立场一直延续不断。甚至托马斯·阿奎那也在反对共产主义的宗教派别时得出结论说，财产私有制只有在能够最好地为所有人谋福利时才是合理的。

---

① 以上引用内容均来自席林的著作。也可参阅他对范尼（K. Farner）和萨默拉德（T. Sommerlad）的引用。

与《旧约》和《新约》相比,经典佛教更加强调放弃占有欲的绝对重要性,包括放弃自我、放弃物质永恒存在的观念,甚至放弃追求完美。[①]

埃克哈特教士(1260—1327)

埃克哈特描述并分析了占有和存在这两种生存模式的区别,其论述的透彻和清晰非其他导师所能及。埃克哈特是德国多明我会(Dominican Order)的主要人物,是位知识渊博的神学家,也是德国神秘主义最重要的代表人物以及最为深刻、激进的思想家。他的德语布道影响巨大,不仅感化了他的信徒和同时代的人,还包括后来的德国神秘主义作家,以及今天那些追寻真正指引的人:他们希望找到一种无神论的、理性的同时又具有宗教严肃性的人生哲学。

本章节所引埃克哈特的言论均来自约瑟夫·昆特(Joseph L. Quint)整理编选的《埃克哈特德文著作集》(*Meister Eckhart, Die Deutschen Werke*,简称 *Quint D.W.*)和《埃克哈特德语布道讲稿和文册》(*Meister Eckhart, Deutsche Predigten and Traktate*,简称 *Quint D.P.T.*),以及雷蒙德·布莱克尼

---

① 想要更透彻地理解佛教,请阅读向智长老(Nyanaponika Mahatera)的著作,特别是《佛教禅观心要》(*The Heart of Buddhist Meditation*)和《通向佛教思想》(*Buddhist Thought: Essays from the Wheel*)。

(Raymond B. Blakney)翻译的英文版《埃克哈特》(*Meister Eckhart*, 简称 *Blakney*)。值得注意的是,昆特的版本仅包含目前他认定确为埃克哈特所著的文章,而布莱克尼的译本基于弗兰茨·费弗(Franz Pfeiffer)编纂的德语版本,其中一些篇章的真实性不被昆特认可。但昆特自己也承认,他认定的真实性只是暂时的,很可能有很多大家认为是埃克哈特教士的作品将得到证实。引用注释里的数字指的是三本来源书籍中埃克哈特的布道编号。

埃克哈特的"占有"概念

要了解埃克哈特对占有型生存模式的观点,经典的资料来源就是他关于贫穷的布道,这篇布道依据的是《马太福音》(5:3):"精神上贫穷的人有福了,因为天国是他们的。"埃克哈特在这篇布道中讨论的问题是:什么是精神上的贫穷?他一开始便谈到,他所说的不是外在的、物质上的贫穷,尽管这种贫穷也值得称道。他想说的是内在的贫穷,也就是福音书中所指的那种贫穷。他的定义是:"一个一无所求、一无所知以及一无所有的人是穷人。"(*Blakney*, 28; *Quint D.W.*, 52; *Quint D.P.T.*, 32)

那么谁是一无所**求**的人呢?我们通常认为是一个选择了禁欲生活的人。然而,这并不是埃克哈特的意思,他指责那些把一无所求理解为进行忏悔和仅仅走宗教形式的人。他认为,怀有这种信念的人执着于自私的自我。“这些人徒有圣洁之名，从外表上看是神圣的，但内心里他们都是蠢货，因为他们没有领会神圣真理的真意。”(此处译文基于作者对昆特德语文本的英译。)

埃克哈特所指的“求”也是佛教思想的基本范畴——“贪”、物欲和私欲。佛陀把贪欲看作人生痛苦而非快乐的缘由。当埃克哈特说人要无欲无求时，他的意思并不是说人应当成为意志薄弱者。他所说的欲求指的是贪念，是驱使人们的欲念。在准确的意义上，这不是意志。埃克哈特甚至要求人们不应期望遵循上帝的旨意，因为这也是一种欲念。**一无所求的人就是对一切都无贪欲的人**，这就是埃克哈特所说的“不执”(nonattachment)这一概念的本质。

那么谁又是一无所**知**的人呢？难道埃克哈特要把一个愚昧无知、没文化、没教养的家伙奉为理想人物吗？埃克哈特致力于教化那些尚未开化之人，并且他自己学识渊博，他也从不隐瞒和贬低这一点，那么他到底是什么意思呢？

埃克哈特**一无所知**的概念对**占有**知识与**认知**行为进行了区分。认知行为即刨根问底、追本溯源。埃克哈特对特定观点和思考过程进行了明确区分。他强调与其爱上帝不如去认识上帝。他写道：“爱与欲望、目的有关，而知识不是某种特定观点，它是剥去层层外壳，保持中立，赤裸地奔向上帝，直至触摸到他，将他一把抓住。”(*Blakney*，27；昆特认为无法证实来源。)

但在另一个层面上(埃克哈特在不同层面上都进行过论述),他走得更远。他写道:

> 再者,穷人是一无所知的人。我们有时说,人应当活得好像他既不为自己也不为真理或上帝而活。关于这一点,我们换一种说法并进一步说:要达到这种贫穷,人必须活得好像他甚至不知道他既不为他自己也不为真理或上帝而活。此外,他必须清空所有知识,使得心中没有上帝的概念;因为当一个人的存在外在于上帝,在他心中活着的就是他自己而不是别的什么。因此我们说,人应当清空自己的知识,就仿佛他自己不存在一样,让上帝自行其道,使人类得到解放。(*Blakney*, 28; *Quint D.W.*, 52; *Quint D.P.T.*, 32; 此处一小部分译文是基于作者对昆特德语文本的英译。)①

要了解埃克哈特的立场,有必要弄清楚这些话的真意。当他说"人应当清空自己的知识",他不是说人应该忘记他所知道的东西,而是说人应该忘记他是知道的这一事实。也就是说,

① 在布莱克尼的英译本中,他用首字母大写的 God 表示埃克哈特所指的圣父、圣子和圣灵三位一体的上帝,而用小写的 god 表示埃克哈特所指的《圣经》中创造世界的上帝。

我们不应把知识当作财产，认为它能赋予自己安全感和某种身份；我们不应让知识来“填充”自己，或者去固守、渴求知识。知识不应带有教条的特性，使我们成为奴隶。总之，他所反对的这一切都是占有型生存模式所固有的。在存在型生存模式中，知识就是透彻的思考过程本身，这种思考不会为了寻求某种可靠性而停滞不前。埃克哈特继续说到：

> 人应当一无所**有**指的是什么？
>
> 请特别注意这一点：我曾多次说过，权威们也认同，人应该摆脱一切[他自己的]物品和行动的束缚——内在的也好，外在的也罢——使自己能够成为上帝的居所，适合上帝在其中采取行动。现在我们不这样说了。如果一个人清空了物品、造物、自我以及造物主，但是上帝在他那里还能找到一个活动的场所，那么我们说：只要那个场所存在，这个人就还没达到极端的贫穷。因为上帝并没要求人在内心为上帝预留一个场所，真正精神上的贫穷要求人们清空上帝及其行动的影响，这样如果上帝要在一个人的灵魂中采取行动，上帝自身必须成为自己活动的场所，只要上帝愿意这么做……所以我们说，人必须要贫穷到他既没有也不是上帝的活动场所。只要人在心中还预留一个场所，那他就仍然保留着差别心。因此我请求上帝（God）帮我摆脱上帝（god）。（*Blakney*，pp. 230 - 231）

这就是埃克哈特“不占有”的概念，他在这里的表述极为激进。首先，我们应该摆脱自己的物品和行动。这并不是说我们应该什么都不占有、什么都不去做，而是说我们不应该被拥有的东西捆绑和束缚住，哪怕是上帝。

当埃克哈特谈论占有与自由的关系时，他是从另外一个层面来进行探讨的。人类自由的限度取决于在多大程度上受到财产、行动以及最终我们自我的束缚。如果我们囿于自我之中［昆特在这本集子的导言中将中古高地德语中的 Eigenschaft 一词译为“恋我”（Ichbindung）或“极端利己”（Ichsucht）］，我们就阻碍了自身的实现与完满。（*Quint D.P.T.*，Introduction，p. 29）我完全同意米特（D. Mieth）的观点，他认为自由是真正意义上的生产力的条件，自由就是放弃自我，就像圣保罗所说的不受任何恋我心态束缚的爱一样。只有不受桎梏，并且摆脱了对物和自我的欲望，这样的自由才是爱和丰富人生的条件。按照埃克哈特的观点，人类的目标就是要摆脱恋我心态和自我中心，即占有型生存模式，才能达到生命的完满。关于如何深入理解埃克哈特所说的占有取向，在我知道的作者当中，米特（1971）的想法与我最为接近。他提出“人的财产型结构”概念，在我看来跟我所说的“占有型生存模式”或“占有型存在结构”是一样的意思。当谈到打破这种内在的财产型结构时，他引用了马克思的“产权征用”（expropriation）概念，并指出这是最彻底的征用形式。

在占有型生存模式中，关键的不是占有的五花八门的**客体**，而是人们的整体心态。每样东西、任何东西都能成为欲望的客体，如日常用品、财产、礼俗、善行、知识和思想。这些东西本身并不坏，但如果我们执着于这些东西，使之成为限制我们自由的枷锁，阻碍了我们的自我实现，那么这些东西就变成坏的了。

埃克哈特的“存在”概念

埃克哈特是从两种不同但又近似的意义上来使用“存在”概念的。一种是狭义的、心理学意义上的“存在”，指的是那些驱动人类的真实的、往往是无意识的动机，它们区别于人的行为与观念，因为其独立于行动和思考着的人之外。昆特称埃克哈特为“天才的灵魂分析师”，他说：“埃克哈特不厌其烦地揭示人类行为之间最隐秘的联系，以及最深藏不露的自私、意图和观念的悸动，并对热切期待别人感激和回报的心理进行谴责。”(*Quint D.P.T.*，Introduction，p. 29)埃克哈特洞察人类的隐秘动机，这引起了后弗洛伊德时代读者的极大兴趣，他们认识到那些产生于前弗洛伊德时代、至今依然盛行的行为主义观点过于天真，因为这些观点宣称行为和观念是终极数据，无法再细分，就像二十世纪初人们说原子不可分解为更小单位一样。埃克哈特在许多地方都表达过自己的观点，其中最具代表性的一句就是：“人不要总去想应该**做**什么，而应该更多地思考自己是什么……因此把关注点放在做一个善良的人而不是做几件有善心的事,即强调我们行动的本质基础。”我们的存在才是现实,是我们的精神动机,是驱动我们行为的品格。相反,我们的行动和观念与我们的动力核心相分离,它们是非现实的。

“存在”的第二个含义范围更广,也更为根本:存在是生命、活动、生育、更新、喷涌、流出和生产。在这种意义上,存在是占有的对立面,是恋我与利己的对立面。对埃克哈特而言,存在是经典意义上人自身力量的积极而富于创造力的表达,并不是现代意义上那种忙碌的生活。在埃克哈特看来,行动意味着“走出自我”(*Quint D.P.T.*, 6),对此他还做了许多形象的描绘:他把存在比做“沸腾的水”、“生育过程”,某种“在自身之中流淌又溢出自身之外的东西”。(E. Benz et al., 引自 *Quint D.P.T.*, p. 35。)有时,他用“奔跑”这一意象来比喻“存在”的积极性。他说:“跑向安宁吧!那个跑着的人,那个永不停歇地跑向安宁的人是神圣的。他一刻不停地奔跑着、运动着,并且在奔跑中寻求安宁。”(*Quint D.P.T.*, 8)埃克哈特对行动的另一个定义是:一个积极的、有活力的人好比一个不断变大的容器,水不断注入,但永远无法充满。(*Blakney*, p.233;昆特认为无法证实来源。)

与占有型生存模式决裂是所有真正意义上人的活动的前提。在埃克哈特的伦理体系中,内在的创造性活动是最高美德,而要从事这种创造性活动,首要前提是克服任何形式的恋我和欲求。

第二部分

对两种生存模式之根本不同的分析

第四章　什么是占有型模式

贪得无厌的社会——占有型模式的基础

由于我们生活在一个以私有财产、利润和权力为生存支柱的社会之中，我们的判断不可避免带有极大的片面性。贪婪地攫取、占有和牟利成了工业社会中每一个人神圣不可剥夺的权利。财产的来源无关紧要，占有财产也不会给财富所有者增加任何义务。总体原则是："我采取什么办法、从哪里获得财产以及如何处置自己的财产乃是我个人的事，与他人无关。只要我不违反法律，我的权利就是不受限制的，就是绝对的。"

这种财产可以称为私有财产（"私有"在拉丁文中为privare，即"剥夺"），因为财产拥有者是财产唯一的主人，他（或他们）有充分的权力去剥夺别人对这一财产的使用权或享受权。虽然私人所有制被认为是一个自然和普遍的范畴，但如果我们考察一下整个人类历史（包括史前时期），特别是欧洲以外、不以经济为重要生活内容的各种文化，我们就会看到，私人所有制实际上只是特例而非常规。除了私有财产外，还有自己

创造的财产,它纯粹是个人自己的劳动成果;**限制性财产**,即财产受到限制,所有者有义务用它来帮助他人;**实用性的**或**个人的**财产,包括劳动工具或享用的物品;**共同**财产,一个以共同纽带凝聚起来的群体所共享的财产,如以色列的集体农庄。

社会赖以运转的各种规范也能塑造社会成员的性格(社会性格)。在工业社会中,这些规范包括攫取、保有和增加财产,亦即牟取利润。那些拥有财产的人被看作上等人,处处受到尊敬和被羡慕。然而,绝大多数人并不拥有真正意义上的财产,即资本和生产资料。这就出现了一个令人困惑的问题:这些人对谋求并保有财产怀有极大的热情,那他们该如何满足或者处理这种热情呢?换言之,他们既然毫无财产可言,那么他们如何能够感到自己是财产所有者呢?

当然,显而易见的答案便是,即使一贫如洗的人也拥有一些东西,他们像资本家珍爱财富那样爱护自己仅有的一点物品。而且他们也会像大财主一样,成天盘算着如何保住自己已有的一切,并使之不断增多,哪怕只能积累一笔极小的数目(比如这儿省一分钱,那儿省两毛钱)。

也许最大的乐趣不在于占有物品,而在于占有有血有肉的人。在父权制社会,即使最贫穷阶层中最潦倒的男人也能成为财产所有者——在同他的妻子、孩子、牲畜的关系中,他感到自己是至高无上的主人。至少对父权制社会中的男人来说,拥有许多孩子是占有他人的唯一途径,并且无需通过劳动和投资就能获得所有权。考虑到生孩子的重担完全由妇女承担,无可否认在父权制社会中,生儿育女是对妇女赤裸裸的剥削。然而,母亲们也有她们自己的所有权,那就是对年幼孩子的占有。这种恶性循环永无止境:丈夫剥削妻子,妻子剥削幼儿,不久后男性青少年就加入成年男子的队伍来剥削妇女,如此循环往复。

在父权秩序中,男人的霸权已经维持了大约六七千年,如今依然普遍存在于最贫穷的国家或一个社会最贫穷的阶层当中。然而,这种霸权在较为富裕的国家或社会中正慢慢消失——当社会的生活水平提高到一定程度,妇女、儿童和青少年似乎就会得到解放。随着旧的父权制对人的占有逐渐瓦解,发达的工业社会中较为贫穷的普通百姓又将在何处满足自己谋求、保有和增加财富的渴望呢?答案就在于扩大占有的领域,使之包括朋友、情人、健康、旅游、艺术品、上帝和人的自我。麦克斯·施蒂纳(Max Stirner)描绘了一幅中产阶级财迷心窍的绝妙图景:人变成了物,人与人之间的关系带上了占有的特点。“个人主义”,就其积极意义而言,意味着人摆脱了社会的枷锁;就其消极意义而言,则指“个人所有权”,即一个人为获得成功而耗费自己精力的权利和责任。

我们的自我是我们感知财富的最重要的客体,因为它包括许多内容:我们的身体、名誉、社会地位,所有物(包括我们的知识)、我们在自己心目中的形象以及我们希望在别人心目中建立的形象。自我成为我们的各种真实特质和虚假特质的混合物,前者包括知识和技能,后者则是我们围绕现实的核心捏造出来的。但问题的关键不在于自我的内容是什么,而在于自我被认为是我们每个人所拥有的物品,而这一“物品”正是我们身份意识的基础。

在讨论财产时,我们必须考虑到一种对财产依恋的重要形式。这种形式盛行于 19 世纪,在第一次世界大战以来的几十年中逐渐式微,今天已很少见了。过去,每个人都十分珍惜和爱护自己所拥有的每一样物品,用到不能再用为止。购买物品是“保存式”购买,因此不妨把 19 世纪的座右铭说成是:“老的东西好!”今天,人们强调的是消费而非保存,购买物品变成了“扔掉式”购买。无论人们买的是一辆汽车、一条裙子还是一个小玩意儿,在使用了一段时间后,人们就会厌倦它,迫切希望扔掉“旧”的,去购买最新款。获得──→短暂的占有和使用──→扔掉(如果可能,置换成更好的时髦货)──→重新获得,这构成了消费者购买商品的恶性循环,所以今天的座右铭可以说是:“新的东西好!”

今天的消费现象最突出的例子或许是私家车。我们的时代是名副其实的“汽车时代”,因为我们的整个经济都以汽车制造为中心,我们的全部生活在很大程度上也取决于汽车消费市场的兴衰。

对于那些拥有汽车的人来说,汽车似乎是不可或缺的必需品；而对那些还未拥有汽车的人，特别是所谓的社会主义国家的人而言，汽车成了幸福的象征。但是，很显然人们对自己汽车的喜爱并不深厚和持久，只不过是一时喜欢，因为车主经常更换自己的汽车。在使用两年甚至一年后，车主便厌倦了那辆"旧车"，开始四处物色新车，想做成一笔"好交易"。从物色到购买，整个过程就像一场比赛，有时欺骗甚至是其中一个主要因素；而这笔"好交易"本身就像这场竞赛的最后奖品——车道上的那辆新款汽车——一样让人愉快，甚至更胜一筹。

车主同自己汽车的财产关系与其对汽车的短暂兴趣之间似乎存在有目共睹的矛盾，为了理解这一令人费解的现象，我们必须考虑到几个因素。第一，在车主与汽车的关系中存在去人性化的因素。汽车不再是车主所喜欢的一个具体对象，而是表明社会地位的象征符号，是权力的延伸，成为了一种构建自我的材料。通过购买一辆汽车，车主实际上获得了一部分新的自我。第二，每两年而非每六年买一辆新车，增加了购买者获得新东西的快感。占有一辆新汽车类似夺取一个女人的贞操，它提升了人的控制感，并且发生得越频繁快感越强烈。第三，频繁地购买汽车意味着做成更多"好交易"，获得更多通过交换牟利的机会，因而今天的男女普遍乐此不疲。第四个重要因素是人们需要体验新的刺激，因为一段短暂的时间之后，旧的刺激就显得平淡无味了。我以前对刺激进行过论述[见《人类的破坏性剖析》一书]，区分了"主动的"和"被动的"刺激，并作了以下说明:“刺激越是‘被动’,就越需要改变它的强度和(或)类型;而刺激越‘主动’,它就越能长久地维持刺激的特性,也就越没必要改变其强度和内容。”第五个也是最重要的一个因素,是社会性格在过去一百五十年发生了变化,即从“囤积型”转变为了“市场型”。这种变化并没有摒弃占有倾向,但在很大程度上改变了它(关于市场型性格的发展见本书第七章)。

这种所有权感知同样在别的关系中显现出来,如对外科医生、牙医、律师、老板和工人的态度。人们常说“我的外科医生”、“我的牙医”、“我的工人”,等等。但除了对他人采取这种所有权态度外,人们把无数的客体甚至各种感情也当成所有物对待。以健康和疾病为例,人们在谈论自己的健康状况时也怀有这样一种所有权意识,指出这是“他们的”疾病、“他们的”手术、“他们的”治疗——包括“他们的”饮食以及“他们的”药物。他们很显然把健康和疾病当作了财产,他们同自己不良健康状况之间的所有权关系类似于一个股东与其在急剧跌落的市场行情中贬值的股票之间的关系。

观念、信仰甚至习惯都可以成为所有物。例如,一个每天早晨在同一时间吃同样早餐的人,会因为这一习惯中的稍许变动而感到不适,因为他的习惯变成了某种财产,失去它便意味着自己的安全遭遇威胁。

占有型生存方式如此普遍,也许很多读者会觉得我的描述太消极、片面了,然而事实如此。我首先描述社会里盛行的态度，为的是呈现给读者一幅清楚明白的现实图景。但有另外一种因素会使这幅图景达到某种平衡，那就是在年轻一代中形成和发展的、与大多数人完全不同的一种态度。在这些年轻人中，我们发现了一些消费模式，它们不是秘而不宣的贪求和占有，而是体现了真正的乐趣——做自己想做的事，且不期待得到任何“持久的”东西作为报偿。这些年轻人长途跋涉，经常遇到艰难险阻，为的是听自己喜欢听的音乐、看自己想看的地方、拜会自己想见的人。至于他们的目的是否如他们自己所认为的那样有价值，这无关紧要。尽管他们不够严肃、准备不足，或者不那么专心致志，但这些年轻人敢于去**存在**，不期望得到什么回报或拥有什么东西。他们虽然往往在哲学和政治上显得天真幼稚，却比年长的一代更加真诚。他们不会为了成为市场上令人满意的“商品”而整天修饰自我，不会有意或无意地通过不断撒谎来维护自己的形象，也不会像大多数人那样把自己的精力耗费在压制真相上。他们经常以自己的诚实给长辈们留下深刻的印象——因为长辈们也经常暗自钦佩那些能够看到或说出真相的人。在这些年青人中间，有政治和宗教倾向不同的团体，也有许多人还没有形成特定的意识形态或信条，他们说自己还在“寻找”。虽然他们还未找到自己，或者尚未找到能指导他们生活实践的目标，但他们在寻求成为他们自己，而不是占有和消费。

然而，图景中的这种积极因素是有限的。这批青年人中的许多人(自 60 年代后期以来,他们的人数已大大下降)并没有从“离开”的自由前进到“到达”的自由,除了争取摆脱束缚和依赖外,他们只是进行了反抗,却没有试图去寻找前进的目标。他们与自己的中产阶级父母一样,坚持“新的东西好”的座右铭,而对一切传统,包括最伟大人类心灵创造的各种思想,表现出一种近乎恐惧的冷漠态度。本着一种天真的自我陶醉,他们相信凭自己就能发现值得发现的一切。从根本上说,他们的理想是重新变回孩童,于是像赫伯特·马尔库塞(Herbert Marcuse)这样的作家便提出了一个方便大家的意识形态,说什么回到儿童时代而不是发展到成熟阶段,乃是社会主义和革命的最终目标。只要他们足够年轻,还能保持这种欣快感,他们就会感到幸福;然而,他们中的许多人度过这个时期后感觉极其失望,因为他们没有获得坚实的信念,没能于自身树立一个中心。到头来,他们往往成为失望、冷漠的人,或是没有幸福感的破坏狂。

当然,并非所有满怀希望的人都以失望告终,可惜我们无从知晓他们的数量。就我所知,目前没有有效的统计数据或可靠的估计,即使有,我们也几乎无法肯定如何界定这些人。今天在美国和欧洲,千百万人试图与传统思想、与那些能给他们指明道路的导师建立联系。但大部分学说和导师或带有欺骗性,或被公关宣传需要所腐蚀,或与各方面的头面人物有经济利益或名誉地位的牵连。一些人或许能从这些欺骗性方法中获得切实的益处，而另一些人虽然运用这些方法，但并不真正打算做出内在的改变。不过，我们只有对新的信仰者进行详细的定量与定性分析，才能知道每一类人究竟有多少。

我个人的估计是，真正想从占有型模式转向存在型模式的年青人（也包括一些年长者）不止零零星星的几个人。我相信大量群体和个人正在向**存在**的方向发展，他们代表了一种新的潮流，超越了大多数人的**占有**倾向，因而具有历史意义。由少数人来指明历史发展的方向，这在历史上并不是第一次。这些少数人的存在给从占有观念到存在观念的整体转变带来了希望。这种希望是切实的，因为促使这些新观念产生的某些因素是不可逆的历史变化：父权社会男人对女人至高无上的权力已然崩溃，父母对子女的控制权土崩瓦解。在二十世纪，虽然不少政治革命失败了，但妇女、儿童与性革命却取得了成功，即使它们还处在初级阶段。这些革命的原则已为很多人所接受，旧的意识形态显得越来越荒谬可笑。

占有的本质

占有型生存模式本质上根源于私有制。在这种生存模式中，至关重要的是我获得财产以及拥有无限权利来维护已获财产。占有型生存模式具有排他性，它不需要我做进一步的努力就能保有财产或把它用于生产。佛陀把这种行为模式叫作“贪欲”,犹太教和基督教称它为“贪婪”,它把每个人和每件东西都变得死气沉沉且受制于人。

“我有某物”这一句型表达了主体“我”(或他、我们、你们、他们)与客体之间的关系。它意味着主体和客体的某种永恒性。但是,这种永恒性果真存在于主体或客体中吗?我终会死去,我也有可能失去保证我占有某物的社会地位。客体同样也不是永恒的:它可能被毁坏、被丢失或者失去自身的价值。说我们能永久地占有某物,乃是基于对物质永恒不灭的幻想。从表面上看我似乎什么都有,但实际上我什么也没有,因为我对客体的占有、占据和支配不过是生活过程中的短暂瞬间。

总之,“我(主体)有某物(客体)”这一陈述是通过我对客体的占有来定义我这个主体。主体并不是我自身,而是我拥有的东西。我的财产构成了我和我的身份。“我是我”这一陈述的言下之意是“我**是**我因为我拥有 X”——X 等同于那些我通过权力来控制并永久地占有的自然客体和人。

在占有型模式中,我与所有物之间的关系是没有生命的。它和我都成了物,我拥有它,因为我具备占有它的力量。但这种关系也可以倒过来讲:**它拥有我**,因为我对自我身份的认同,即我的理智,是建立在我占有它(以及尽可能多的东西)的基础之上。占有型生存模式并不是通过主体与客体之间有活力的创造过程而建立起来的,它使客体和主体都成为**物**。两者之间是一种僵死的关系，而非有活力的关系。

占有——暴力——反抗

按照自然本性成长是所有生物的共同趋向。因此，我们反抗阻碍我们按自己的内在结构成长的任何企图。要粉碎这种反抗（这种反抗可能是有意识的，也可能是无意识的），就必须采取身体和精神上的暴力。无生命体通过蕴藏在原子或分子结构内的能量，在不同的程度上抵抗试图控制其物理构成的外力，但是它们不会反抗被人使用。给生命体施加外力，即迫使我们朝与我们的内在结构相悖、对我们的成长有害的方向发展，这会激起多种形式的反抗，包括公开的、有效的、直接的、积极的反抗，抑或间接的、无效的和往往是无意识的反抗。

婴儿、儿童、青少年以及最终的成年人都无法自由和自发地表达自己的意愿，他们对知识和真理的渴求以及对爱的期待都受到了限制。人在成长中被迫放弃绝大部分自主、真实的欲望、兴趣以及自己的意愿，转而接受非自主的、由社会思想和感情模式强加给他的意志、欲望和情感。社会以及作为其社会心理单位的家庭，需要解决一个难题：**要怎样摧毁一个人的意志而又不使他察觉？**通过灌输教条、奖惩机制和意识形态配套这一复杂过程，这项工作大体上圆满完成，以至于大多数人都以为他们是按照自己的意志行事，而没有意识到他们的意志是被规约、被操纵的。

要压抑人的意志,最困难的是压抑性欲,因为性欲是强烈的本能倾向,不像其他欲望那样易于操纵。因此,相较于其他人类欲望,人们需要更努力地压制自己的性欲。对于性行为的诋毁形形色色,无需赘言。性不仅在道德上受到谴责(性是邪恶的),还在健康上被污名化(手淫有害健康)。教会过去禁止计划生育和婚外性生活,至今也仍然坚持这些原则,哪怕谨慎起见我们应采取更宽容的态度。

如果只是因为性欲本身而压制性欲,这一切努力着实让人费解。摧毁人的意志而不是性欲本身,这才是将性污名化的根本原因。许多所谓的原始社会是没有性禁忌的,因为那里既无剥削也无压迫,所以无需摧毁个人意志。他们不必污蔑性欲,可以毫无罪恶感地享受性关系。尤其值得注意的是,在这些社会中,性自由并没有导致对性爱的贪婪;在一系列相对短暂的性关系后,男女双方找到彼此、结为一对,他们不会有交换伴侣的欲望,但当爱情消失,他们可以自由地分手。在这些不以私有财产为导向的群体里,享受性生活是存在的表现,而不是性占有的结果。这并不是说我们应该回归原始社会的生活方式,其实即使我们想回去也不可能。原因很简单,因为文明带来的个性化以及人的分化和距离使我们所说的个体的爱与原始社会相比具有不同的特质。我们无法倒退,只能前进。重要的是,不带占有色彩的新型生存方式会消灭对性的贪欲,而这种贪欲是一切占有型社会的特点。

性欲是独立的一种表现形式，在人生初期就已显现（自慰）。对它进行谴责可以击垮孩子的意志，让他（她）有负罪感，从而更加顺从。打破性禁忌在很大程度上是一种反叛，本质上是为了重获自由。但这样打破性禁忌并不会带来更大的自由，反叛似乎会淹没在性满足及其后的罪恶感之中。只有达到内心的独立才有助于得到自由，才能停止徒劳的反叛。这一点对于其他试图以打破禁忌来重获自由的行为也是成立的。**实际上，禁忌会引起性狂热和性反常行为，但性狂热和性反常行为不会带来自由。**

孩子的反抗行为多种多样，比如不遵守保持干净的训导规则、不吃东西或暴饮暴食、攻击性和虐待行为以及各种自毁行为。反抗通常表现为一种总体上的“消极怠工”——对外界不感兴趣、懒散、被动甚至种种病态的慢性自毁行为。关于父母与孩子之间权力争夺所带来的后果，可参阅谢克特（David E. Schecter）的论文《婴幼儿发展》（*Infant Development*）。所有数据都表明，**对孩子和成人的成长过程进行外界干预是造成精神异常尤其是破坏行为的最根本的原因。**

应当清楚，自由不是放任自流，也不是随心所欲。同其他物种一样，人也有其特殊的内在结构，只有在与这一结构相协调的情况下才能成长。自由不是指摆脱一切指导原则，而是指按照人的存在结构法则来成长（自主约束）。也就是说，要服从那些能保证人最优发展的法则。凡是能促进人们达到这一目标的权威都是“合理的权威”，促进的途径包括调动孩子的积极性、发展批判思维能力和增强对生活的信念。如果只是为了维护权威的利益而不是为了孩子的健康发展而把他律的规范强加给孩子，那这种权威就是“不合理的”。

占有型生存方式和以财富、利润为中心的人生态度必然会产生对权力的渴望和需求。要控制他人，就必须用权力来粉碎他们的反抗。要维持对私有财产的控制，就必须用权力来保护它免遭与我们同样贪婪之人的抢夺。占有私人财产的欲望会唤起人们使用暴力公开或秘密地掠夺他人的欲望。在占有型模式中，人们的幸福就在于高人一等、在于拥有权力，并且归根结底在于征服、掠夺和杀戮的能力。而在存在型生存模式中，幸福在于爱、分享和给予。

支持占有型模式的其他因素

语言是强化占有倾向的一个重要因素。人的名字——我们都有名字（如果当前这种去人性化潮流继续下去的话，我们每个人或许都会有一个编号）——会给人一种幻觉，似乎这个人永远不会死。名字成了人的等价物，表明人是永存不灭的实体而非一个过程。普通名词也有同样的功能，比如爱情、骄傲、仇恨、快乐这些名词给人的印象是它们是固定的实体；但这些名词背后并没有实在的东西，它们只能遮蔽我们的双眼，使我们看不到这些都是我们人所经历的过程。甚至一些用来表示**物体**的名词,如"桌子"、"灯",也会产生误导。这些名词暗示我们所说的都是一成不变的实体,而实际上这些物体不过是在我们身体里引起某些感官反应的能量转换过程。但这些感官反应并不是对像桌子和灯这样具体实物的知觉。这些知觉是文化学习过程的结果,这一学习过程使某些感觉获得了一定的知觉形式。我们天真地以为,桌子和灯这样的物体就是这样存在着的。我们没有意识到,是社会教会了我们把身体上的感觉转变为知觉,从而使我们能够掌控周围的世界,以便在特定的文化中生存。一旦我们为这些知觉命名,这个名字似乎就保障了知觉成为最终和不变的现实。

与生俱来的求生欲是占有需求的另一个基础。无论我们是否乐意,我们的身体驱使我们努力追求**永生**。尽管经验告诉我们,人终有一死,但我们仍努力寻找解决方案,使我们无视经验证据,相信我们可以永生。这一意愿有多种表现形式:古代埃及的法老们相信他们埋葬在金字塔里的身体是永生的;一些早期狩猎社会关于死后生活的宗教幻想,比如幸福地生活在美好的狩猎场上;基督教和伊斯兰教的天堂。从十八世纪开始,在当代社会里"历史"和"未来"成为基督教天堂的替代品,名誉、声望哪怕是恶名都能构成一点点永生不朽,只要能确保出现在历史书的脚注里。对名望的渴求不仅仅是一种世俗的虚荣,对于那些不再相信传统的来世观念的人来说,这种追求拥有宗教信仰的特质。(这在政治领导人当中尤为明显。)媒体宣传为不朽铺平了道路,公关从业者成了新的牧师。

但或许占有财产比其他任何东西都更能满足人们永生的渴望,这也是为什么占有倾向如此强大有力。假如我的自我由我的所有物构成,那么只要我的所有物不毁坏,我就是不死的。从古埃及到今天,从将尸体制成木乃伊从而获得肉体上的永存,到通过遗嘱得到心理上的永存,人们超越了肉体和心理的时限继续活着。凭借遗嘱的法定权利,我为下几代人规定好了怎样处置我的财产。只要我是资本所有者,我就能通过继承法永生。

占有型模式和肛门性格

为了更好地理解占有型生存模式,可以借鉴弗洛伊德的一个伟大发现——所有的孩子在经过一个纯粹的消极感受期之后,接着便是具有攻击性的主动感受期;而在他们达到成熟期之前,都必须经历一个他称为"肛欲期"的时期。弗洛伊德发现,这一时期常常在人的整个人格发展过程中占主导地位,而这种情况一旦发生,就会导致**肛门性格**的形成。其特征是人将主要精力用于占有、节省和储存金钱、物品以及情感、姿态、言语和精力。这种性格在吝啬的人身上可以看到,它通常与过度的整洁、准时和顽固联系在一起。弗洛伊德思想的一个重要方面就是金钱与排泄物——金子与尘土——的象征性关系，就此他举了许多例子。肛门性格是不成熟的性格，弗洛伊德的这一观点实际上是对十九世纪资产阶级社会的尖锐批判。在这个社会当中，肛门性格的主要特征成为了道德行为的规范，并被看作“人性”的表达。弗洛伊德在金钱与排泄物之间画等号，隐含着（尽管是无意的）对资产阶级社会运转方式及其占有欲的批判，可以与马克思在《1844 年经济学哲学手稿》中关于金钱的论述相印证。

尽管弗洛伊德认为力比多（性欲）发展过程中的一个特殊阶段发挥着首要作用，而性格形成是次生的，但在其著作的上下文中这种观点无关紧要（尽管在我看来，性格的形成取决于人生初期的人际关系网络，特别是对性格形成有影响的社会条件）。重要的是，弗洛伊德认为**占有取向占主导地位发生在人完全成熟之前那一阶段，如果这个阶段一直持续下去就是病态的**。换言之，在弗洛伊德看来，如果人只注重占有和谋取财富，那就是有精神和心理疾病。由此我们认为，如果一个社会中大部分成员都是肛门性格，那这个社会就是病态的。

禁欲主义与平等

大部分道德和政治讨论的中心问题是：占有还是不占有？在道德和宗教层面上，这意味着选择禁欲的生活方式还是非禁欲的生活方式,后者既包括创造性的快乐也包括无限的享乐。如果我们不把着眼点放在某一具体行为上,而是放在作为这一行为基础的态度上,这种选择也就在很大程度上失去了意义。禁欲行为执着于戒绝享乐,也许只是否认对占有和消费的强烈欲望。禁欲者虽然能压制欲望,但在压制占有和消费欲望的过程中,这些欲望反而挥之不去。精神分析资料表明,这种否认常常伴随过度补偿的现象,比如狂热的素食主义者努力压制自己的破坏性冲动;狂热的反堕胎人士抑制着自己谋杀的念头;那些高举"美德"旗帜的狂热分子压抑着自己的"罪孽"冲动。对他们而言,重要的不是信念本身,而是支撑这种信念的狂热。我们不禁怀疑,跟所有狂热类似,这种狂热是否往往掩盖着与之对立的冲动。

在经济和政治领域里,那种在收入问题上要么选择无限制的不平等,要么要求绝对平等的做法同样也是错误的。如果每个人的所有物只为满足功能上的和个人的需要,那么一个人是不是比另一个人多拥有一些东西并不会构成社会问题,因为既然财产不是关键的,也就不会引起嫉妒。而那些以为绝对地平分一切物品就是公平的人恰恰暴露了他们强烈的占有取向,他们只是通过一味地要求完全平等而掩盖这一点。藏在这一要求背后的真正动机是妒忌。一个人如果要求任何人都不能比他拥有得多,那他不过是通过这种方式来保护自己免受妒忌之苦,因为任何人只要比他多得一丁点儿,他就会产生妒忌。问题的关键在于根除奢侈和贫困。平等的意思不是说在数量上均分每一小块物品，而是说收入差距不会大到使不同社会群体产生不同的生活体验。在《1844年经济学哲学手稿》中，马克思通过“原始共产主义”（crude communism）概念指出过这一点，说这样的共产主义“到处否定人的个性”，并且“是这种妒忌以及在预想的最低物质标准基础上大搞平均化的顶点”。

生存型占有

为了更好地理解我们这里所说的占有型生存方式，我们还有必要做进一步的界定，认识到生存型占有（existential having）的作用。因为人的生存要求我们必须要拥有、保存、维护和使用某些物品才能够存活下去。这包括我们的身体、食物、住所、衣服以及为满足生存所需的必要生产工具。这种占有形式可以被称为生存型占有，因为它植根于人类生存。这是一种以努力存活为目的的冲动，由理性加以引导。这与我们之前讨论的性格型占有（characterological having）大为不同。性格型占有是保留和保存物品的强烈欲望，它不是生来就有的，而是社会条件作用于人类的结果，看起来仿佛是生理本能，其实不然。

生存型占有不会与存在发生冲突，而性格型占有必定与存在发生冲突。哪怕我们眼中“正直的”和“神圣的”人，只要他们是人，就必然需要进行生存意义上的占有；而一般人占有物品则既是生存意义上的，也是性格意义上的。

第五章　什么是存在型模式？

我们大多数人对占有型模式了解较多，而对存在型模式知之甚少，因为在我们的文化当中接触更频繁的是占有型模式。然而，一个更重要的因素使得给存在型模式下定义要比给占有型模式下定义困难得多，那就是两种生存模式之间本质上的差别。

占有指的是**物体**，而物体是固定的、**可描述的**。存在指的是**体验**，而人的体验从原则上说是不可描述的。能加以详尽描述的是我们的**人格面具**，因为它本身是一种物，我们每个人都戴着这个面具，它是我们呈现出来的自我。与之相反，一个活生生的人不是一种僵死的形象，不可能像某件物品那样被加以描述。事实上，活生生的人是完全不可描述的。当然，人们可以充分地谈论“我”，谈论我的性格以及我的整个人生观倾向。这种洞察能在极大程度上理解和描述我自己或他人的心理结构。但是我整个人、我的全部个性、我的存在本身跟我的指纹一样是独一无二的，永远不可能被彻底理解，哪怕是通过共情，因为没有两个人是完全一样的。[①] 只有在活生生的相互关联过程中,他人和我才能克服这种分隔造成的障碍,共同跳起生命之舞。但我们永远无法达到相互间的完全同一。

我们甚至无法充分描述一个简单的行为。人们可以写上几页纸来描绘蒙娜丽莎的微笑,却仍然无法用言语捕捉到画中的这个微笑,这并非因为蒙娜丽莎的微笑太“神秘”了。每个人的微笑都是神秘的(除非是市场上那种训练有素的假笑)。无论是他人眼中流露出的兴趣、热情、亲近抑或仇恨、自恋,还是人群中的各种面部表情、步态、姿势或语调,没有人能将它们充分描述出来。

积极主动地生存

存在型生存模式的先决条件是独立、自由和批判理性。其基本特征是积极主动——它不是指外在的活跃、忙碌,而是指内在的积极主动,创造性地使用人的各种能力。积极主动意味着发挥人的官能、才干和生来就不同程度拥有的天赋。积极主动也意味着自我更新、成长、流露、热爱、超越孤立自我的藩篱、对一切兴致盎然、热切期待并且不吝给予。然而,所有这些体

---

① 最好的心理学也会有这种局限性,关于这一点,我在“论心理学的局限性和危险性”(“On the Limitations and Dangers of Psychology”, 1959)一文中对“否定的心理学”和“否定的神学”作了详尽论述。

验并非语言所能充分表达。语词只不过是满载着人类体验的容器，但人的体验往往会溢出这些容器。因此，语词虽能指向某种体验，却不是体验本身。一旦我完全用思想和词语来表达我的体验，这种体验就消失了。它枯萎、消亡，只剩下干瘪的思想。由此可见，存在无法用语言来描述，只有通过共同的体验来交流。在占有型生存结构中，僵死的语词一统天下；而在存在型生存结构中，活生生的、不可言传的体验占据统治地位。（当然，在存在型模式中，也有充满活力和创造力的思维过程。）

也许，用马克斯·亨齐克（Max Hunziger）提到过的一种象征来描述存在型模式最为恰当：当光线透过一只蓝色坡璃杯时，这只杯子呈现为蓝色，因为它吸收了所有其他颜色的光，不让它们通过。也就是说，我们之所以称这只玻璃杯为“蓝色”的，恰恰是因为它并不保留蓝色的光波。它之所以拥有这个名称，不是因为它所占有的东西，而是因为它所给出的东西。

只有当我们减少占有型生存模式，即非存在型模式；也就是说，当我们不再抓住我们所占有的一切不放，不再心安理得地坐享其成，不再执着于我们的自我和占有物，不需要通过这些东西来寻求安全感和身份认同的时候，存在型生存模式才会浮现。“存在”要求人们放弃自我中心、抛弃自私心理，或者用神秘主义者的话来说，使自己达到“空”和“乏”的境界。

然而，绝大多数人发现放弃占有的倾向过于困难，任何这方面的尝试都会使他们极度焦虑，感到自己似乎失去了一切安全的保障,就像不会游泳的人被抛进了无边无际的大海。他们所不知道的是,当他们抛弃了财产这一副拐杖后,就可以开始用自身的力量独立行走了。他们以为他们不可能独立行走,假如没有自己所占有的物品支撑的话,他们便会重重摔倒。正是这种幻觉让他们迟疑不前。他们就像小孩子,在摔倒一次以后担心自己永远不会走路。但是大自然和他人的帮助不会让人们变成瘸子。那些认为不使用"占有"这副拐杖就会摔倒的人也需要别人的帮助。

主动与被动

上面所说的那种存在指的是积极主动的能力,它与消极被动不相容。然而,我们极大地误解了"主动的"(active)和"被动的"(passive)这两个词的意义,因为这两个词在今天的含义与古典时期、中世纪和文艺复兴以后的一段时期里的含义完全不同。为了理解存在概念的意义,我们必须先把主动(activity)和被动(passivity)这两个概念搞清楚。

在现代用法中,主动(activity)这个词通常是指运用一定的精力去取得明显效果的行为。比如说,耕地的农夫、流水线上的工人、劝说顾客买东西的销售员、替自己或他人投资的投资人、治病的医生、卖邮票的邮局职员以及整理文件的公务员,这些人都被称作是"主动"的。虽然这些行为中的一些比另一些需要更多的兴趣和专注，但不影响它们被称为“活动/主动”。总而言之，主动指的是**获得社会承认的、有目的的行为，这种行为产生有利于社会的变化**。

现代意义上的“主动”仅仅是指行为，而不是指行为背后的人。对于一个活动着的人，不管他是像奴隶那样受到外力的逼迫，还是出于焦虑而自我驱动，这一词语没有加以区分。有的人对自己的工作兴致勃勃，比如木匠、有创意的作家、科学家或是园丁。还有些人在心理上与他们所从事的工作没有内在关联，也不会从工作中获得满足感，比如流水线上的工人和邮局职员，但它们一概都是“活动/主动”。

现代意义上的主动（活动）没有区分什么是“**积极主动**”，什么仅仅是“**忙碌**”（busyness），而这两者之间有着根本区别，对应的是“异化”和“非异化”这两种活动形态。在异化的活动中，我并没有体验到自己是行动的主体，我体验到的是我活动的**结果**，某种外在于我、与我相脱离、超乎我之上或与我相对立的东西。在异化的活动中，行动的不是我，而是内在或外在力量**通过我**来行动。我与我活动的结果相分离。在心理病理学领域，最常观察到的异化的活动就是强迫性神经官能症。具有这种症状的病人总是由于内在驱力去做违反自己意志的事，比如说数台阶、重复一些语句或者按照某种个人仪式行事。为了达到这种目的，这些人会极为“主动”，但是大量心理分析调查结果显示，他们受到一种内在力量驱使，连自己都没有意识到。关于异化的活动还有一个同样明显的例子，那就是催眠后行为。一个人在催眠昏睡后得到了一些指令，待他醒来之后就会去执行这些指令，他并没有意识到他不是按照自己的意愿行事而是在服从催眠术医生的命令。

在非异化的活动中，我体验到**自己**是我活动的**主体**。非异化的活动是一个创造、生产的过程，我与我的活动成果始终保持关联。也就是说，我的活动是我的力量和能力的表现，我、我的活动和我的活动的结果是同一的。我把这种非异化的活动称作“**生产性活动**”（productive activity）。①

“生产性”在这里不是指创造某种新的、独创的东西，它与艺术家和科学家的创造力不是一回事。它也不是指我的活动的产品，而是我的活动的特质。一幅画作或一篇学术论文极有可能不是生产性的，即贫瘠乏味的。另一方面，如果一个人能深刻认识自己，能真正“看见”一棵树而不仅仅是看着它，能够读一首诗并且切身体会诗人用语言所表达的情感，那么发生在他身上的这一过程就是生产性的，即使他并没有什么成果。生产性活动指的是内在的活动状态，它并不一定要创造出艺术、学术作品或某种有用的东西。生产性是一种性格取向，每个感情健康的人都能够做到。生产性的人可以赋予他所接触到的

---

① 在《逃避自由》（*Escape from Freedom*，1941）一书中我曾使用过“自发的活动”（spontaneous activity）的概念，在此后的著作中我都使用“生产性活动”（productive activity）这一概念。

任何东西以生命。他赋予自己的官能以生命，也赋予别的人和物以生命。

“主动”和“被动”都有两个完全不同的含义。异化的主动（活动）只是一种忙碌，实际上就是“被动”，因为它丝毫不是生产性的。反之，非忙碌意义上的被动也可以是一种非异化的主动。今天让人们理解这一点特别困难，因为在大多数情况下主动都是异化的被动，而生产性的被动则是很少能体验到的。

几位伟大哲人谈主动与被动

在前工业社会，哲学传统中的“主动”与“被动”概念与今天的含义不同，当然也不可能相同，因为当时的劳动尚未异化到今天这种地步。因此，像亚里士多德那样的哲学家们就没有清晰区分什么是“积极主动”而什么只是“忙碌”。在雅典，异化的劳动是只有奴隶才干的事，体力劳动被排除在“实践”这一概念之外。“实践”一词涵盖了自由人可能从事的所有活动，亚里士多德正是用这一术语来概括人的自由活动[参阅尼古拉斯·洛布科维茨《理论与实践》（Nicholas Lobkowicz，*Theory and Practice*）]。由于当时的社会背景，对于自由的雅典人来说，那种主观上毫无意义的、异化的、完全程式化的工作是不存在的。他们的自由恰好因为他们不是奴隶，他们的活动对他们来说是生产性的和有意义的。

如果我们认识到，亚里士多德认为最高形式的实践（即活动)是投身于寻求真理的思想生活,这种生活甚至高于政治活动,那我们就会十分清楚为什么他没有提出今天这种意义上的主动和被动概念。不把思索当作积极的活动,这在他看来是不可想象的。亚里士多德认为思想生活是我们最高贵的活动——理性活动。奴隶跟自由人一样可以享受感官的乐趣,但是幸福与安乐不存在于享乐之中,而存在于以美德为依据的活动中[《尼各马科伦理学》(*Nichomachean Ethics*), 1177a, 2 ff.]。

托马斯·阿奎那与亚里士多德一样,他对主动概念的理解也与今天相反。阿奎那同样认为,投身于追寻内心平静和精神认知的冥想的生活(vita contemplativa),才是最高形式的人类活动。他承认普通人的日常生活,即积极的生活(vita activa),也具有价值并会指向极致的幸福,只要(这一条件特别重要)人们全部的活动都是为了达到幸福的目的,并且他能够控制自己的情感和身体[托马斯·阿奎那《神学大全》(*Summa*),2-2:182,183;1-2:4, 6]。

但关于**冥想的生活**与**积极的生活**的争论不尽于此。如果说托马斯·阿奎那的观点中还含有某种折衷的因素,埃克哈特教士的同时代人、《未知的迷云》一书的作者则极力反对积极的生活,而埃克哈特教士则大力主张积极的生活。但他们之间的矛盾并不像看上去那么尖锐,因为这三位思想家一致认为,只有当"积极"根植于最高的伦理和精神要求并且表现这些要求时，这种积极才是有裨益的。因此，所有这些大师都对无意义的忙碌，即与人的精神土壤相脱离的活动，持否定态度。[①]

作为个人和思想家，斯宾诺莎所体现的精神和价值观沿袭自四百年前埃克哈特的时代，但他同时又敏锐地观察到了发生在社会和一般民众中的变化。他是现代科学心理学的奠基人，是无意识维度的发现者之一，并借助这种丰富的洞察力，对主动和被动之间的区别作了超越前人的更为系统和精确的分析。

斯宾诺莎在他的《伦理学》(*Ethics*)一书中把主动和被动(行动和忍受)区分为人的精神生活的两个基本方面。行动的第一个标准是要符合人的本性，他说："如果在我们内部或外部发生了什么事，而我们就是引起这件事的主要原因，也就是说，如果出于我们的本性在我们内部或外部发生了某件事，并且仅通过本性就能清晰明了地被理解，那我们便是在行动。反之，如果在我们内部发生了某件事，或者由于我的本性而导致了什么后果，但我们只是引起这件事的部分原因，那么我们便是在忍受。"(《伦理学》，第三部分，定义二。)

这些话令现代读者费解，因为他们习惯于认为"人的本性"这一概念与外在经验数据无关。但正如亚里士多德那样，斯宾诺莎并不这么看，同时代的一些神经生理学家、生物学家和心理学家也不这么看。斯宾诺莎认为，人的本性之于人就像马的

---

① 要想进一步了解冥想的生活与积极的生活这一问题，可参阅 W. Lange, N. Lobkowicz 和 D. Mieth(1971)的著作。

本性之于马一样。他认为,一个人的善或恶、成功或失败、幸福或痛苦、主动或被动都取决于他在何种程度上能够成功地实现其本性的最佳发展。以最佳方式实现其物种的本性(对于人而言,就是人性),是生命的目的。我们离人性的模版越近,我们的幸福和自由也就越多。

在斯宾诺莎的人类模版中,主动这一属性与另一属性——理性密不可分。只要我们的行动与我们的生存条件相一致,并且认识到这些条件是现实的和必然的,我们也就了解了自我的真相。“我们的心灵有时在行动,有时在忍受。如果它有足够的思想,它就必然是在行动;如果它的思想不够,那它必然是在忍受。”(《伦理学》,第三部分,命题一。)

欲望分为主动和被动两种,前者根植于我们的生存条件之中(自然的,而非病态扭曲的);而后者则不同,是由扭曲的内在或外在条件引起的。前者的存在取决于我们在多大程度上是自由的,而后者则源于内在或外在的作用力。所有“主动的情感”都必定是好的,而“被动的情感”(passions,即激情)则有好有坏。按照斯宾诺莎的说法,主动、理性、自由、幸福、快乐和自我完善是密不可分的。同样,被动、非理性、屈从、悲哀、软弱以及所有违背人性要求的倾向也都是密切相连的。(《伦理学》,第四部分,概念界说二、三和五以及第四十和四十二条命题。)

斯宾诺莎认为,受非理性的激情驱使的心灵是病态的。这是他的思想所迈出的最后一步,也是最具有现代意义的一步。

只有弄清了这一点，我们才能完全理解他关于激情和被动的思想。如若我们达到了最佳的成长，那我们不仅仅是（相对）自由、强大、理智和愉快的，而且心理上也是健康的。如果我们做不到这一点，那我们就是不自由、软弱、非理性和抑郁的。斯宾诺莎认为心理上的健康或疾病分别是正确或错误生活方式的结果。就我所知，他是持这种假定的第一位现代思想家。

在斯宾诺莎看来，心理健康说到底是正确生活方式的表现；反之，心理疾病则表明一个人不能按照人性的要求去生活。“但如果一个贪婪的人只想着金钱和财富，一个野心家只想着名气，人们并不认为他们有精神疾病，只会觉得他们十分讨厌、让人鄙夷。实际上，贪婪、野心等，都是不同形式的精神疾病，只不过人们往往并没有把它们看作疾病。”（《伦理学》，第四部分，第四十四条命题）。斯宾诺莎的观点与我们这个时代的思维方式格格不入。在这段话中，他认为那些违背人性需求的激情是病态的，甚至将它们称作一种精神病。

斯宾诺莎的主动和被动观点是对工业社会的激烈批判。今天人们认为，那些把金钱、财产和名望作为主要驱动力的人是正常的，是适应环境要求的。相反，斯宾诺莎却认为，这些人是完全被动并且本质上是病态的。斯宾诺莎所说的那种主动的人——他本人就是这种类型的具体表现，在今天已经十分少见，而且往往被疑为“神经不正常”，因为他们极不适应所谓的正常活动。

马克思在他的《1844年经济学哲学手稿》中写道:“自由、有意识的活动”(即人类活动)是“人类的物种特征”。对他而言,劳动就是人的活动,而人的活动就是生活。在马克思看来,资本是积累起来的东西,是过去,说到底是死的东西。他认为劳方与资方之间的斗争就是生与死、现在与过去、人与物以及存在与占有之间的斗争。只有认识到这一点,才能充分理解劳资斗争对他而言的情绪能量。对马克思而言,这是谁统治谁的问题:是生统治死还是死统治生?在他看来,社会主义社会是一个生战胜了死的社会。

马克思对资本主义的全部批判和对社会主义的憧憬都是基于这样的观念:在资本主义体系中,人的自主活动瘫痪了,因而人们的目标应当是在各个生活领域恢复人的主动,从而重塑完整的人性。

尽管马克思的某些理论阐述受到古典经济学的影响,但说马克思是个决定论者,说他把人看作是历史发展的被动客体从而剥夺了人的能动性,这都是人云亦云的无稽之谈,与马克思的观点完全相反。每一个真正阅读过马克思的著作而不是断章取义的读者都会同意这一点。在《神圣家族》一书中,马克思对自己的观点做了最为明确的表述,他写道:“历史什么也没有做,它并不拥有无穷的财富,它并未参与任何战斗。是人——真实的、活生生的人——在行动、占有并斗争。历史不可能把人当作工具来达到自己的目的,好像历史有独立的人格似的。

与之相反，历史不过是人为实现目标而进行的活动而已。”几乎是同时代的思想家中，对现代活动的被动性看得最为清楚的是阿尔贝特·施韦泽。他对文明的没落与重建进行了研究，认为现代人不自由、不完整、精神涣散、有病态的依赖性，并且完全是被动的。

作为现实的存在

到目前为止，通过与“占有”的对比，我已经阐明了“存在”的含义。但“存在”的第二个同样重要的意义可以通过与“表象”的对比揭示出来。若我表面上装出一副和蔼可亲的样子，却是为了掩盖对别人的剥削；若我表面上显得勇气可嘉，内心却非常空虚，甚至想自寻短见；若我表面上热爱自己的祖国，实际上在不断谋取私利，那么这些外在行为的表象与我的真正动机南辕北辙。我的行为不等同于我的品性。我的性格结构，即我行为的真正动机，才构成我的真实存在。我的行为也许能部分反映我的存在，但它通常是我的面具，我为了达到自己的目的而佩戴它。行为主义研究这副面具，把这看作是一种可靠的科学依据；而正确的洞见着眼于内在现实，它往往既不能被意识到也不能被直接观察到。这种被埃克哈特称为“去掉面具”的存在概念乃是斯宾诺莎和马克思的思想核心，也是弗洛伊德的根本发现。

弗洛伊德精神分析学的主要成就是揭示了人的行为与性格以及面具与其隐藏的现实之间的差异。他提出的方法包括自由联想、释梦、移情和抗拒，目的就在于发掘人们童年时期被压抑了的本能欲望（本质上是性欲）。尽管精神分析理论和治疗的进一步发展强调了早期人际关系中而非本能生活中的创伤事件，二者的原则仍是相同的：被压抑的是早年以及后来（我认为这更重要）受挫的欲望和恐惧，而消除症状、解除更广泛不适的途径在于揭示这些被压抑的东西。换言之，被压抑的乃是一些非理性的、婴幼儿时期的以及个人化的经验。

另一方面，人们通常认为一个正常、能适应社会的公民，其基于常识的观点是理性的，无需进行深入分析。但这完全不符合事实。我们有意识的动机、思想和信念不过是虚假信息、偏见、非理性的激情、自我合理化以及成见的混合物，只有很小一部分真理掺杂其间，给人以假象，让人误以为整个混合物是真实可靠的。这种思维过程试图按照逻辑和看似可信的规则来组织这一整堆垃圾般的错觉。人们以为，意识的这一层面反映实在，并且这就是我们用以组织生活的蓝图。这张虚假的蓝图没有被压抑，**被压抑的乃是对现实的认识和对真实的认识**。假如我们要问：**什么是无意识**？答案必然是这样的：除了非理性的激情，几乎一切对现实的认识都是无意识的。无意识基本上是由社会决定的，社会催生各种非理性的情感，并为其成员提供各种不同的虚构假象，从而迫使真实成为人们自以为的理性的囚徒。

说事实受到压制当然是基于这样一个前提：我们了解事实，却压制了这种认识；换言之，“无意识的认识”是存在的。依据我对自己和他人所做的精神分析的经验，上述说法确实是正确的。我们认知现实，并且不得不认知现实。正如当我们面对现实时，我们的感官会被调动起来去看、去听、去嗅、去触摸一样，我们的理智会被用来识别现实，即看到事物的本来面目，认清事实。我指的当然不是需要科学的工具或方法才能把握的那部分现实，我指的是通过全神贯注地“观看”可以识别的东西，尤其是我们自身和他人的现实。当我们遇见了一个危险人物，或者当我们遇见了一位可以完全信赖的人，我们自己会知道；当我们被骗、被剥削或被愚弄了，或者我们自欺欺人了，我们也是知道的。我们几乎了解关于人的行为所必须了解的一切，正如我们的祖先对星星的运行了如指掌一样。但是，尽管他们**意识得到**自己的知识并加以运用，他们却立刻压抑了自己的知识，因为这种知识一旦进入意识层面，就会把生活变得异常**艰难**，并且如我们说服自己的那样，生活就太“危险”了。

我们很容易找到这一论断的证据，它存在于许多梦境中。在梦中我们表现出对他人和自身本质的深刻认识，而在白天我们完全不可能获得这种认识。（我的《被遗忘的语言》一书已经举例说明了这种“洞见之梦”。）证据也存在于我们的日常反应中。我们会突然对某人有了全新的认识，紧接着又感到似乎我们以前一直是这样认识的。当令人痛苦的真相即将浮现并给人造成威胁时，在抗拒现象中会找到证据，如在口误、表述不当、精神恍惚或是像在戏剧旁白中一个人说了些什么话，这些话同他一贯公开宣称的想法完全相反，而过一会儿他似乎又忘记了这个旁白。事实上，我们花费很多精力来向我们自己隐瞒已有的认识，这种对认识的压抑程度极高。犹太法典中的一则传说以诗歌的形式表达了这种压制事实的观点：当一个孩子出生时，天使便触摸一下他的额头，让这个孩子自出生那刻起，就忘掉对事实的认识。假如这个孩子忘不掉的话，生活对他来说将是无法忍受的。

回到我们的主要论点："存在"指的是真实，它与虚假、虚幻的图景相反。在这个意义上，任何试图扩大存在领域的努力都意味着增强对自我、对他人、对周围世界之现实的洞察力。透过表象洞察现实乃是通向存在的道路——这是佛教的中心思想，它在犹太教和基督教中也发挥了一定的作用；没有它，犹太教和基督教的主要伦理目标——消除贪婪和仇恨，是不可能实现的。

给予、分享及牺牲的意愿

在当代社会，人们以为占有型生存方式根植于人的本性之中，因而无法改变。这一想法同样体现在这样的论断中：人基本上都是懒惰的，本性就是被动的，他们不愿意工作或做任何事，除非被物质激励或饥饿驱使，抑或害怕受到惩罚。人们对这种论断深信不疑，它决定着我们的教育和工作方法。但是，通过把迎合人性的需要这一点归咎于社会组织，它只不过希望证明我们社会组织的存在是有价值的。无论过去还是现在，在许多不同的社会当中，对于其社会成员而言，人的本性是自私和懒惰的这种观念是荒谬的，就像与之相反的观念在我们听来是荒谬的一样。

事实上，占有和存在这两种生存模式都潜在于人性之中，人在生物学意义上的求生本能会推动占有型模式的发展，但自私和懒惰并不是人所固有的唯一倾向。

我们人类生来就有一种根深蒂固的存在的欲望：想要表现自己的才能，积极主动，与他人建立联系，逃避自私的樊笼。有大量证据证明上述说法的正确性，证据多得简直可以写一大本书。赫布(D. O. Hebb)高度概括地阐明了问题的症结。他指出，唯一的关于行为的问题是去解释人何以会有惰性，而不是去解释人何以会有主动性。下面是支持他这一概括性论点的证据：[①]

1. 动物行为方面的证据。实验和直接观察表明，许多物种

---

① 我在《人类的破坏性剖析》一书中已对有些证据作了说明。

都能在完成困难的任务时感到愉悦,哪怕没有任何物质奖励。

2. 神经生理学的实验证明神经细胞具有能动性。

3. 婴儿的行为。最近的研究表明,婴儿也具有对复杂的刺激做出积极反应的能力和需求。这一发现恰恰与弗洛伊德的假设相反。弗洛伊德认为,婴儿把外部刺激当作一种威胁,会调动自身的侵略性以消除这一威胁。

4. 学习行为。许多研究表明,少年儿童在学习过程中之所以会出现惰性乃是因为他们所接触到的学习资料太枯燥死板,无法激发他们真正的兴趣;倘若能消除压力和枯燥,并以生动活泼的形式呈现学习资料,就可以大大激发他们的积极性和主动性。

5. 劳动行为。梅奥(E. Mayo)的经典实验表明,只要工人知道他们所从事的实验是由一位精力充沛的天才人物所指导的,并且这个人有能力激发他们的好奇心和参与度,那么即便是枯燥乏味的工作也变得趣味盎然。欧洲和美国一些工厂中的情况同样如此。管理人员常常对工人抱有成见,认为工人对积极参与工作不感兴趣,他们只是希望得到更高的工资,因此相比员工参与度,分享利润才是激励员工提高劳动生产率的方法。虽然就管理人员所提出的工作方法而言,他们的这些看法并没有错,但经验表明——并且不少管理人员也开始相信——一旦工人在劳动过程中发挥真正的主动性,被赋予责任并透彻了解其工作角色,那么先前漠不关心的工人就会发生巨大的改变，并显示出高度的创造性、主动性、想象力和工作满足感。[①]

6. 社会和政治生活中的证据。人们不愿做出任何牺牲的说法是大错特错的。丘吉尔在第二次世界大战初期宣布，他必须有求于英国人的是鲜血、汗水和眼泪。他没有阻止英国人，而是激发他们深植于心中的勇于牺牲和献身的人道主义愿望。从英国人（以及德国人和苏联人）对交战国野蛮轰炸人口聚集地所做出的反应可以看出，共同的苦难不但不会削弱人们的精神力量，反而能增强他们的反抗，并且证明那些认为恐怖轰炸会瓦解对方士气、结束战争的人是错误的。

若说战争和苦难比和平时期的生活更能激发人们的牺牲精神，而和平时期大抵只能助长人的自私心理，这种关于我们文明的评论是可悲的。庆幸的是，在和平时期的一些情况下，人在个人行为中也表现出对献身和团结的追求。工人罢工就是这种非暴力行为的例子，尤其在第一次世界大战以前。工人要求更高的工资，但与此同时他们冒着危险、忍受巨大的困难，为的是获得尊严以及体验团结一致带来的满足感。罢工既是一种经济现象，也是一种“宗教”现象。虽然这样的罢工今天也

---

① 迈克尔·麦科比（Michael Maccoby）在他即将出版的《运筹学家：新的企业领袖》（*The Gamesmen: The New Corporate Leaders*）一书中（我有幸读到了这本书的手稿）提到了一些新近的民主参与项目，特别提到了他在博利瓦项目（The Bolivar Project）中的研究。博利瓦是麦科比正在写作的项目论文主题，它也将成为另一个计划以及麦科比最近准备从事的又一项规模较大的工作的主题。

在发生，但现在绝大多数的罢工都出于经济上的原因，尽管为争取更好的工作条件而举行的罢工近来有所增加。

我们仍然可以在从事某些职业的人群，如护士、医生、僧侣和修女那儿发现人的献身和分享需求以及甘愿为他人牺牲的精神。虽然很多从事这些职业的人不过是嘴上说说帮助他人、奉献自己这样的话，但也有相当一部分人是言行一致的。我们发现许多世纪以来，这些同样的需要在很多团体中得到了证实和体现，无论它们是宗教团体、社会主义者团体抑或人道主义者团体。我们在那些自愿无偿献血的人身上，在人们冒着生命危险去救另一个人的情境中，看到这种奉献的愿望。在心中充满真正的爱的人身上我们也能看到这种奉献的意愿。"虚假的爱"即共同谋取私利，它使人们更加自私(情况往往的确如此)。真正的爱能增强人们爱的能力以及为他人奉献的能力。一个真正爱着的人通过爱一个具体的人而爱上整个世界。①

反过来说，我们发现有不少人，特别是年轻人，不能容忍他们富裕的家庭中随处可见的奢侈和自私行为。他们的长辈希

① 要理解奉献和分享是自然的人类冲动，最重要的资料之一是克鲁泡特金(P. A. Kropotkin)的经典著作《互助：进化的一个因素》(*Mutual Aid: A Factor of Evolution*, 1902)。另外两本重要著作是理查德·蒂特马斯(Richard Titmuss)的《馈赠关系：从人的血液到社会政策》(*The Gift Relationship: From Human Blood to Social Policy*)和理查德蒙·费尔普斯(Edmund Phelps)的《利他主义：道德和经济理论》(*Altruism, Morality and Economic Theory*)。蒂特马斯在他的著作中举了一些例子来说明人有奉献的愿望，并强调我们的经济系统阻止我们自由地行使给予的权利。

望孩子们“要什么就有什么”,但他们却与长辈的期望完全相反,竭力反叛那种僵死、隔绝的生活。因为事实上,这些年轻人并不拥有他们想要的一切,他们想要的正是他们没有的。

历史上关于这样的人,绝佳例子是罗马帝国的富家子女,他们拥抱贫穷和爱的宗教。另一个例子是佛陀,他是一个王子,尽可寻欢作乐、享受荣华富贵,却发现了占有和消费会引起不幸和苦难。更近一些(十九世纪下半叶)的例子是俄国上层阶级的子女,即民粹派(Narodniki)。这些年轻人发现他们再也无法忍受自己生来就过着的那种游手好闲和不公道的生活,于是离开他们的家庭,到贫苦的农民中去,与他们生活在一起,从而在一定程度上奠定了俄国革命的基础。

在美国和德国的一些富家子弟中间可以看到同样的现象。他们认为在富裕的家庭环境中生活乏味并且毫无意义。不仅如此,他们不能容忍这个世界对穷人冷漠无情,不能接受利己主义导致核战争。因此,他们离开家庭,寻找新的生活方式,但仍然无法感到满意,因为似乎没有任何建设性的努力有成功的可能。他们中的很多人一开始是最富有理想和最敏感的年青一代,但现在由于缺乏传统观念、不够成熟以及缺乏经验和政治智慧,他们陷入失望之中,自恋地高估自己的能力和各种可能性,并试图通过暴力来取得不可能的结果。他们组成所谓的革命团体,希望通过恐怖和破坏来拯救世界,却没有看到他们只是助长了暴力和非人道的普遍倾向。他们失去了爱的能力,取而代之的是牺牲自己的愿望。(自我牺牲通常是那些渴望去爱的人所采取的行动。但这些人失去了爱的能力,他们以为只有献出了自己的生命才能最大限度地体验到爱。)然而,这些富有自我牺牲精神的年轻人完全不同于内心充满爱的殉道士。这些殉道士渴望活着,因为他们热爱生活,他们只是为了不违背自己的意愿而被迫选择死亡的道路。今天这些有自我牺牲精神的年轻人既遭受谴责,同时又是控诉者。这一点体现在,一些最优秀的年轻人在我们的社会制度中变得如此孤立无助,以至于不得不把毁灭和幻想当作是摆脱失望的唯一出路。

人渴望同他人联合起来,这种欲望根植于人类特有的生存状况中,也是人类行为最强大的动力之一。我们人类一方面将本能的决定因素降到最低限度,一方面则最大限度地发展理性,因此失去了与大自然原有的同一性。为了不使自己感到完全孤立——事实上,这会使我们沦落到精神错乱的境地——我们需要找到一种新的统一:与同胞、与大自然统一。人渴望同他人建立联结,这种需要表现在诸多方面,如与母亲、偶像、部落、国家、阶级、宗教、同业者以及职业团体的共生关系。当然,这些联结往往相互交叠,并以一种狂热的形式出现,比如它存在于某些教派成员或滥用私刑的暴徒中间,以及体现在战争期间一些国家的歇斯底里。例如,第一次世界大战的爆发导致了一次最激烈的狂热“联合”。人们为了加入这个大写的“我们”的队伍,竟在一夜之间放弃了自己一直信仰的和平主义、反军国主义和社会主义，科学家们也抛弃了他们一直以来在客观性、批判性思维和公正性方面所接受的训练。

与他人联结的欲望既表现在最低级的行为中（如虐待和破坏行为），也表现为最高尚的行为——为了理想和信念团结一致。这也是人需要适应环境的主要原因之一，因为人害怕被社会抛弃多于害怕死亡。对每一个社会来说，关键是在一定的社会经济结构下，它培育和推进哪一种联结和团结。

这些考虑似乎表明，两种倾向在人们身上都存在——一种是**占有**的倾向，其力量说到底来源于人的求生欲这一生物因素；另一种是**存在**，即分享、奉献和牺牲的倾向，其力量根源于人类生存的特殊境况，以及通过与他人联合来克服孤独的内在需求。从每一个人所具有的这两种矛盾的倾向中我们可以看出，社会的结构、价值体系和规范决定着哪一种倾向占主导地位。有些文化助长占有欲从而助长占有型生存方式，它们根植于一种人类潜能；而有些文化培育存在型生存方式以及分享的精神，它们植根于另一种人类潜能。我们必须决定要培养两种潜能中的哪一种，但要意识到我们的决定在很大程度上受到现有社会经济结构的制约，它使我们倾向于做出这种或那种决定。

根据我在群体行为领域的观察，我认为表现出根深蒂固、一成不变的占有或存在型特征的极端群体只是少数，而对于绝大多数人而言，两种可能性都是真实的，究竟哪种可能性占上风、哪种受到压制，则取决于环境因素。

这一假设与人们普遍接受的精神分析理论相矛盾。精神分析学认为，环境只能在人的婴幼儿时期对人的个性发展产生本质影响，在那以后人的性格便固定下来，很难再被外部事件改变。这一精神分析理论之所以为人接受，是因为童年时期的基本状况延续到了绝大多数人后来的生活中，因为一般来讲，同样的社会条件继续存在。但是大量实例表明，环境的急剧变化会导致行为的根本改变，例如当消极的力量被遏制而积极的力量发展壮大之时。

总之，如果我们考虑到人类的生存状况，就不会对人类深切并频繁地渴望分享、奉献和牺牲的事实感到吃惊了。真正令人吃惊的是，人的这一需求遭到了严重压抑，致使自私的行为成为工业社会（以及很多其他社会）的准则，人们团结友爱的行为反倒成了例外。而矛盾的是，这一现象本身正是由与他人建立联结的需要引起的。假如一个社会的运作原则是获取利润和财富，它将产生以占有为导向的社会性格。一旦这一主导模式被确立，没有人会希望成为局外人，或是被社会抛弃的人。为了避免这一风险，每个人都会随大流，人们唯一的共同之处就是互相竞争、对抗。

由于自私观念占主导地位，我们社会的领导人就认为，唯有物质利益，即报酬，才能激励人，而且人们是不会响应团结和牺牲的号召的。因此除了战争时期外，领导人很少做出这样的号召,我们也就没有机会观察到这种号召可能产生的结果。

只有完全不同的社会经济结构和完全不同的人性面貌才能表明,用物质收买人并不是影响人的唯一(或最好的)方法。

第六章　占有和存在的其他方面

安全感——不安

止步不前、留在原地甚至倒退，简言之也就是依赖已经拥有的东西，这是一种很大的诱惑，因为我们了解自己拥有的东西、可以把握它，从而获得安全感。我们害怕因而避免迈向未知和不确定。虽然迈出一步之后发现这一步实际上并不危险，但在迈出这一步以前，新的可能性似乎危机四伏，因而令人恐惧。只有旧的、尝试过的东西才是安全的，至少看上去是这样。每迈出新的一步都有失败的危险，这就是人如此害怕自由的原因之一。①

诚然，在人生的不同阶段，那些旧的和已经习惯的东西是不一样的。当我们还是婴孩的时候，我们仅仅**占有**自己的身体和母亲的乳房（我们尚无法将二者区分开来）。紧接着，我们开始在世界上寻找自己的方向，并逐渐在其中为自己找到一个位

① 这是弗洛姆《逃避自由》的主要话题。

置。我们开始希望**占有**一些东西：我们**拥有**母亲、父亲、兄弟姐妹、玩具。后来我们**获取**知识、工作、社会地位、伴侣和孩子。再接着，通过购置一块墓地、购买人寿保险以及立下“最后的意愿”——遗嘱，我们似乎**拥有**了来生。

尽管占有能带给人安全感，人们仍然钦佩那些着眼于新的可能、开辟新道路并勇往直前的人。在神话中，**英雄**就是这种生存方式的象征。英雄们勇于离开他们所拥有的一切——故土、家庭和财产，他们走出去时并不是无所畏惧，但没有屈服于这种恐惧。在佛教传统中，佛陀就是这样的英雄，他放弃了自己所拥有的一切以及印度教神学带来的确定感，如地位和家庭，迈上了一条了无牵挂的人生之路。在犹太教传统中，亚伯拉罕和摩西也是这样的英雄。基督教的英雄是耶稣，他一无所有，在世俗的眼光里他什么都不是，但他的行为源自对所有的人毫无保留的爱。希腊人的英雄是世俗的英雄，他们的目标是胜利、满足自豪感以及征服；但就像宗教英雄一样，赫拉克勒斯和奥德修斯也大步向前，不怕等待他们的艰难险阻。童话中的英雄满足一样的标准，他们离开家乡、勇往直前，敢于面对未知的世界。

我们钦佩这些英雄，因为我们深深地感到，他们所走的道路也是我们自己希望踏上的——如果我们有能力的话。但是我们害怕，觉得自己做不到这一点，只有英雄才能做到。于是英雄成了偶像。我们把前进的能力转移到英雄身上，自己则原地不动,“因为我们不是英雄”。

以上讨论似乎在说,尽管当英雄令人向往,却是愚蠢的,违背人们的自身利益。事实绝非如此。那些小心谨慎、占有型的人看似高枕无忧,却必定是不牢靠的。他们依赖自己拥有的东西,如金钱、声望及其自我,也就是身外之物。但如果他们失去了所拥有的东西会怎么样呢?事实上,人有可能失去所拥有的任何东西,其中最明显的就是财产,随之而去的通常还有社会地位和朋友,并且或迟或早,人必然会在某个时刻失去他的生命。

如果我是我所占有的东西,一旦我失去了所占有的东西,那我又是谁呢?我只能是个失败的、泄气的、可怜的人,这证明了我的生活方式是错误的。因为我有可能失去我所占有的东西,所以我必然天天担心我将失去这些东西。我害怕窃贼,害怕经济形势变化,害怕革命,害怕疾病和死亡,我甚至害怕爱、自由、成长、变化和一切未知。于是我惶惶不可终日,长期遭受臆想症折磨,不仅怀疑自己有病,而且怀疑可能会遭到各种损失,因此我变得保守谨慎、冷酷无情、猜忌多疑、孤独寂寞,不停驱使自己占有更多东西,从而更好地保护自己。易卜生在他的诗剧《培尔·金特》(*Peer Gynt*)中成功刻画了这样一个自私自利的人。培尔的心中只有自己,他是一个极端的利己主义者,他相信他就是他自己,因为他是“欲望的集合体”。到了生命的尽头,他才发现,因为他的人生是以财产来建构的,在成为自己这一点上他失败了：他是一个没有核的洋葱头，一个不完整的人，从来就不是他自己。

在存在型模式中，由害怕失去自己所占有的东西而产生的焦虑和不安是不存在的。如果**我就是我**，而不是我所占有的东西，那么任何人都不可能剥夺或威胁到我的安全感和身份认同。我的中心就在我自身，我的存在能力以及表达我本质力量的能力是我性格结构的一部分，取决于我自己。这里说的是生活的正常情形，而不是强大的外部限制状态，比如让人无能为力的疾病、折磨和其他的特殊情况。

占有型模式建立在所占有的东西之上，而东西会越用越少；但存在型模式则会随着实践不断成长壮大。（《圣经》中永不毁灭的"燃烧着的荆棘"就是这一矛盾的象征。）理性和爱的力量，艺术和智力创造，所有这些本质力量通过表达而不断成长。用掉的东西不会消失，失掉的反而是尽力保留的东西。在存在型模式中，对安全的唯一威胁在于我自身：在于对生活和创造力缺乏信心、在于退化的倾向、在于内心的懒惰、在于任由他人摆布我的生活。但这些危险并不是存在型模式固有的；相反，失去一切的危险则是占有型模式固有的。

团结——对抗

通过把一首日本诗歌和一首英国诗歌作比较，铃木大拙先生描述了喜爱、欣赏一样东西却不去想要占有它的体验(详见本书第一章)。对现代西方人来说,把体验快乐和占有分开来实际上并不容易。但是,这种体验对我们并不完全陌生。如果漫步者看到的不是一朵花,而是一座山、一片草地或是无法将之拿走的东西,那么铃木大拙先生的例子就不合适了。当然,许多人(或者说大多数人)并不会真正**看到**一座山,只会把它当作司空见惯的东西,他们能说出山的名字、高度或者想去攀登它,通过攀登将其占有。但还有一些人能真正观看一座山并从中获得乐趣。欣赏音乐作品也是一样的道理。买一张喜欢的唱片可以理解为对音乐作品的占有,大多数喜欢艺术的人都在"消费"艺术,但少数人仍然有可能在心里感受音乐与艺术,而没有"占有"的冲动。

我们常常能通过人的表情读懂人的感受。我不久前在电视上看到一家中国马戏团精彩的杂技表演。在演出当中,摄像机镜头不时地扫过观众席以捕捉观众的反应。优雅灵动的表演使一张张脸颊神采奕奕、生气勃勃、美丽动人,只有少数人无动于衷地坐在那里。

另一个欣赏而不占有的例子很容易从我们对待小孩子的态度上看到。我想这里也有不少自我欺骗的行为,因为我们乐于扮演喜爱孩子的角色。尽管有怀疑的理由,但我相信对孩子发自内心的喜爱并不少见。部分原因可能是因为人们防备青年人和成年人,却不惧怕孩子,所以能够自由地用爱回应他们,不会因为恐惧挡道而无法去爱。

关于喜爱却不渴望占有的一个最贴切的例子可以在人际关系中看到。男女之间互相吸引的原因有很多,比如喜欢对方的态度、趣味、观念、气质或是全部人格。只有对凡是喜欢就必须占有的人而言,这种互相倾慕才通常会唤起性占有的欲望。而对那些由存在型模式主导的人来说,对方如此让人欢喜,甚至有巨大的性吸引力,但要欣赏他(她)不必通过丁尼生在诗中所说的那样,一定要"摘取"他(她)。

以占有为中心的人希望**占有**他们喜爱或钦慕的人。这一点可以从父母与子女、教师与学生以及朋友之间的关系中观察到。双方都无法仅仅从欣赏对方中获得满足,都想独占对方。因此,他们妒忌那些也想"占有"那个人的人。双方都抓住对方不放,就像失事船只的水手为了求生抓住一块木板不放一样。以占有为主导的人际关系充满冲突和嫉妒,因而是沉重和压抑的。

总体而言,在占有型生存模式中,人际关系的基本要素是竞争、对抗和恐惧。占有型关系中的对抗因素来源于这种关系的性质。如果自我认同的基础是占有,因为"我是我所占有的东西",那么占有的愿望就会演变为占有很多、占有更多、占有最多的欲望。换句话说,**贪欲**是占有取向的必然产物。这种贪欲可能是守财奴式的或逐利式的,也可能表现为沉溺于女色或者玩弄男性。无论贪欲由什么构成,贪婪的人总觉得不够多,也总是无法“满足”。人的生理需求，比如说饥饿，受生理条件限制，总有一个具体的满足界限。然而心理上的贪欲（所有贪欲都是心理上的，即使它通过身体而得到满足）却无法满足，因为欲念的达成并不能克服内心的空虚、无聊、孤独和抑郁。此外，因为一个人总会以这样或那样的方式失去他所拥有的东西，为了使自己的生活免于这种危险，他必须占有更多东西。如果每个人都想拥有更多，那么人人都会惧怕周围的人企图夺取他所占有的东西。为了防止这样的侵袭，他自己就必须更强大，先发制人。再者，尽管现在生产能力发达，但还是跟不上无止境的欲望，于是为了争得最大的份额，就必然存在人与人之间的竞争和对抗。哪怕达到了绝对富足的阶段，斗争仍将继续：那些健康状况不佳、吸引力不足以及能力和天赋较差的人会嫉妒痛恨在这些方面比自己拥有“更多”的人。

占有型模式以及由此产生的贪欲必然导致人与人之间的对抗和斗争，对个人来说如此，对国家来说也是这样。只要国民的主要动机是占有和贪欲，那么由这些国民组成的国家必然会陷入战争。它们必定会觊觎别国所拥有的东西，并试图通过战争、经济压力和威胁手段来得到想要的。他们首先采取这些手段对付那些较为弱小的国家，然后与其他国家结成更为强大的联盟，打击不那么弱小的国家。哪怕只有一丝获胜的希望，一个国家也会发动战争，这并非由于经济所困，而是因为占有和征服的欲望已深深根植于其社会性格之中。

当然也是有和平年代的。但我们必须区分持久的和平和过渡的和平，后者只是积蓄力量重建工业和军队的时期。换句话说，前者是持久的和谐与和平，而后者本质上是休战状态。尽管十九、二十世纪有过一些休战期，但这两个世纪的主要特征仍是历史舞台上主角之间的长期战争。只有当占有型结构被存在型结构取代，国家之间才有可能实现真正的和平，即持续的和谐关系。在鼓励人们追求财富和利润的同时去建设和平，这是妄想，而且是危险的，因为它使人无法认识到他们面临着切实的选择：要么从根本上改变自己的性格，要么身陷永久的战争。这其实是个由来已久的选择，但领导人选择了战争，而民众追随他们。今天以及未来的时代，随着新武器的破坏力增大到令人难以置信的地步，选项已不再是战争，而是同归于尽。

对于国际战争来说是这样，对于阶级斗争来说也是如此。若一个社会建立在贪欲原则之上，那么阶级斗争——本质上即剥削者与被剥削者之间的斗争，将不会停止。如果一个社会当中既没有剥削的需要和可能性，也不存在贪婪的社会性格，那就不会有阶级斗争。但是，只要占有型模式占主导地位，那么在任何社会中，甚至是最富有的社会中也会有阶级。正如前文所述，如果欲望没有止境，即使生产能力再强大，也跟不上人们的幻想——即希望比周围的人占有得更多。那些更强大、更聪敏或者在某些状况下更受青睐的人必然会努力确立自己的有利地位，并试图用强迫、暴力或间接的方式从比他们弱小的人身上获得好处；而被压迫阶级将会推翻统治者，如此循环往复。阶级斗争有可能更为温和，但只要贪欲占据人心，斗争就不会消失。在一个充满贪欲的所谓的社会主义世界里，无阶级社会是虚幻且危险的想象，就如妄图在贪婪的国家之间缔造和平一样。

在存在型模式中，私人占有（私有财产）不享有情感上的重要性，因为我并不需要占有某物才能去欣赏甚至使用它。在存在型模式中，从同一事物中获得快乐的不仅仅是一个人，而是千千万万的人，因为不是占有它才能享用它，因而人们也不会想要去占有它。这不仅可以避免争端，还能创造一种最深层次的幸福——分享的快乐。对某一个人共同的倾慕和爱，或者共同的思想、共享的乐曲、油画和象征，共同遵守的礼仪，甚至共同分担的痛苦都能把人们紧密地结合在一起但又不会限制他们的个性。分享的体验会使两人之间的关系变得富有生气并得以保持下去，它是一切伟大宗教、政治和哲学运动的基础。当然，只有当人们是真心实意地爱和赞美时才会这样。一旦宗教或政治运动开始僵化，当官僚主义开始用阴谋和威胁来控制人的时候，分享也就停止了。

大自然似乎在人的性行为中设计了分享的原型（或象征），然而从经验上看性行为不一定是同享的欢愉。性行为的双方往往自恋、自私并充满占有欲，因此他们感受到的只能说是同时的欢乐,而不是同享的快乐。

从另一个不同的角度看,自然界为我们提供了一个更为明确的象征,以显示占有和存在这两种生存模式之间的区别。男人阴茎的勃起完全是功能性的。男人并不像占有某种财产或者某种持久的特性那样**占有**勃起的阴茎(当然,有多少男人希望拥有这种持久的特性,大家都可以猜一猜)。只要男人处于兴奋状态,只要他对引他兴奋的那个人有欲望,他的阴茎就会处于勃起状态。如果由于某种原因这种兴奋状态受到了干扰,那么他将"一无所有"。与现实中所有其他类别的行为相反,阴茎的勃起无法伪装。乔治·格罗德克(George Groddeck)尽管不那么有名气,却是最杰出的心理分析学家之一。他曾说过,一个男人说到底只有几分钟的时间是男人,在大多数时间里他只是个小男孩。格罗德克当然不是说男人从整个人格上变成了小男孩,他这番话是针对许多男人用以证明自己是男人的那一根据而说的。[参阅弗洛姆 1943 年的论文《性与性格》(*Sex and Character*)]

快乐——享乐

埃克哈特教士告诉我们,活力有助于产生**快乐**(joy)。现代读者大概不会特别注意"快乐"这个词,并把埃克哈特所说的快乐理解为"享乐"(pleasure)。然而理解快乐和享乐之间的区别很关键，特别就占有和存在这两种生存模式的区别而言。理解这种区别并不容易，因为我们生活的世界多的是“没有快乐的享乐”(joyless pleasure)。

什么是享乐？尽管这个词有不同用法，但是按照流行的用法，我们最好是把这一词定义为欲望的满足，并且满足欲望的过程不需要人的积极主动(即活力)。这种享乐有可能是强烈的——在社会上获得成功、挣更多的钱、中了彩票、常见的性快感、吃饱喝足、赢得一场比赛、酗酒和吸毒带来的神志不清的快感、虐待心理的满足、杀人或肢解活物的狂热，等等。

当然，为了富有和出名，人们必须十分活跃，这里所说的活跃是忙碌的意思，而不是指“内在的重生”。一旦实现目标，他们可能会“兴奋不已”或者“极度满足”，觉得自己到达了“巅峰”。但是什么样的巅峰呢？可能是兴奋、满足、恍惚或放纵状态的巅峰。他们有可能在激情的驱使下达到了这种状态，这些激情虽是人所具有的，却是病态的，因为它们无法从根本上解决人的困境。这样的激情不会使人变得更强大，反而会削弱人的力量。极端的享乐主义、层出不穷的新欲望以及当今社会提供的各种享乐，只会带给人不同程度的**兴奋**感，却不会带来快乐。事实上，快乐的匮乏迫使人们不断寻求更新、更刺激的享乐。

从这点上说，现代人的处境无异于三千年前的希伯来人。摩西对希伯来人谈到他们最深重的罪孽，他说：“因为你富有的时候，不欢心乐意地事奉耶和华你的神。”（《申命记》，28：47）快乐是伴随生产性活动而来的。它不是到达顶点后就戛然而止的“巅峰体验”，而是一个高原，是一种情感状态，伴随人生产性地表达其本质能力而来。快乐不是瞬间狂喜的火花，快乐是伴随存在而来的微弱而稳定的光。

在到达所谓的巅峰后，享乐和刺激只会给人带来悲哀的情绪，因为经历了刺激之后，这具血肉之躯却无成长，内在力量没有增加。为打破非生产性活动带来的无聊，人们做出了尝试，并且在那么一瞬间整合了人的所有精力，唯理性和爱除外。人们试图成为超人，而不想成为人。在那成功的瞬间，人们觉得自己做到了，但接踵而至的是深深的沮丧，因为他们发现自己的内心没有任何变化。常言道“交媾之后的动物会沮丧”，描述的是一样的现象，没有爱的性行为是高度兴奋的“巅峰体验”，是愉悦刺激的，紧随其后的必然是结束之后的失望。只有当肉体的亲密同时也是充满爱的亲密时，人们才会体验到性的快乐。

可以料想，在把存在称作生活目标的那些宗教和哲学体系中，快乐必定发挥着核心作用。佛教反对“享乐”，但把涅槃视为一种快乐的状态，这一点在关于佛陀逝世的许多记载和绘画中都有表现。（我要感谢已故的铃木大拙先生，他在一幅关于佛陀之死的著名绘画中向我指出了这一点。）

《旧约》以及后来的犹太文化传统警告人们不要沉溺于满

足贪欲带来的享乐，而把快乐视为伴随存在而来的情绪状态。《诗篇》是以十五首赞美诗结尾的，这是对快乐最好的礼赞。这些有感染力的赞美诗以恐惧和哀伤开始，但在快乐与喜悦中结束。[①] 安息日是快乐之日，在救世主到来之时快乐的情绪将遍及世界。在先知的预言里有大量关于快乐的表述，例如："那时处女必欢乐跳舞，年少的年老的，也必一同欢乐，因为我要使他们的悲哀变为欢喜，并要安慰他们，使他们的愁烦转为快乐"(《耶利米书》，31：13)；"你们必从救恩的泉源欢然取水"(《以赛亚书》，12：3)；上帝称耶路撒冷是"我所喜乐可称赞的城"(《耶利米书》，49：25)。

在犹太法典《塔木德》中，快乐具有同样重要的意义："因为履行了戒律而获得的快乐是通往圣灵的唯一道路"(《祝福祷文》，31，a)。快乐被看得如此重要，以至于依据犹太法典的规定，近亲死亡哪怕不到一周，安息日的快乐也必须打断对他的哀悼。

虔敬派(哈西德派)运动的座右铭是《诗篇》中的一句："乐意事奉耶和华。"(《诗篇》，100：2)这一运动创立了一种以快乐为重要元素的生活方式。悲哀和抑郁即使算不上是彻底的罪孽，至少也被认为是精神错乱的迹象。

在基督教发展中，"福音"的意思是"令人愉快的消息"，这

① 我在《像上帝一样生存》中分析过这些赞美诗。

一称谓本身就已表明喜悦和快乐的核心地位。在《新约》中，快乐是一个人放弃占有后的报偿，而抱住财产不放的人注定是悲哀的（参阅《马太福音》，13：44 和 19：22）。在耶稣的许多言论中，快乐被认为是存在型生存模式的伴随现象。在给使徒们的最后一次讲道中，耶稣谈到快乐的终极形式，他说："这些事我已经对你们说了，是要叫我的喜乐存在你们心里，并叫你们的喜乐可以满足。"（《约翰福音》，15：11）

前文已经谈到，在埃克哈特教士的思想里，快乐占据最为重要的地位。埃克哈特用最美、最具诗意的语言描述了快乐和欢笑的创造力："当上帝向着灵魂微笑而灵魂向上帝回笑时，圣父、圣子、圣灵的三位一体就诞生了。说得更具体一些，当圣父对着圣子微笑，而圣子也以微笑回应的时候，这种笑就会产生愉悦，愉悦带来快乐，快乐又产生爱，爱造就了三位一体，圣父、圣子与圣灵合而为一。"（*Blakney*，p.245）

斯宾诺莎在其人类学与伦理学体系中给予快乐以至高地位。他说："快乐是人类从不完美通向高度完美的途径。悲伤是人类从高度完美降为不完美状态的通道。"（《伦理学》，第三部分，概念 2 和 3）

我们只有把斯宾诺莎这段话放在他的整个思想体系中，才能完全理解其含义。为了不至于堕落，我们必须去努力接近"人性的模版"，也就是说我们必须达到最理想的自由、理性和积极的状态。我们必须成为尽可能好的自己。这种我们本性之中固有的潜能可以理解为善。对斯宾诺莎来说,“善”可以是“任何东西,它必定能让我们愈发接近我们为自己树立的人性模版”;反之,“罪孽”是指“那些我们确信一定会阻碍我们达到这个模版的一切事物”。(《伦理学》,第四部分,序言)快乐是善,悲哀是恶。快乐是美德,伤感是罪恶。

因此,在通向实现自我这一目标的道路上,我们体验到的就是快乐。

罪孽与宽恕

在犹太教和基督教神学思想中,经典的罪孽概念本质上等同于对上帝意志的**不顺从**。在普遍接受的罪孽的源头,即亚当的不服从中,可以很清楚地看到这一点。与基督教传统不同,犹太教传统并没有把亚当的不顺从行为理解成遗传给所有后代的“原罪”,而仅把它看作“第一罪”,也就是说不是所有亚当的后代都会带有这种罪孽。

但二者都共同认为,不服从上帝的命令就是罪孽,无论这些命令是什么。如果考虑到《圣经》故事里上帝的形象是非常严厉的权威,效仿的是东方世界王中之王的角色,那么这就不值得惊奇了。如果我们想到,从之前的封建制到现在的资本主义,教会几乎从一开始就在调试自己以适应社会秩序。这种社会秩序为了正常运转,要求每个人严格遵守其法规,无论这些法规是不是符合人们的真正利益。这些法规在多大程度上是压制性的或自由主义的，以及执法手段如何，都不会改变问题的实质：人们必须学会畏惧权威，而且不仅仅是惧怕那些荷枪实弹的执法官员。这样的畏惧还不足以保障国家正常运转，公民必须把这种畏惧内化，并把服从转化为道德和宗教的范畴——罪孽。

人们尊重这些法规不仅仅是因为惧怕，还因为不服从它们就会产生罪恶感。宽恕可以消除人们的罪恶感，但这种宽恕只有权威才能做出。这种宽恕的前提是：罪人忏悔、接受惩罚，并通过接受惩罚重新表示屈服。罪孽（不顺从）⟶罪恶感⟶重新屈服（惩罚）⟶赦罪，这一系列行为形成了一种恶性循环，因为每一个不顺从的行为都会导致更大程度的服从。只有少数人不会被吓倒。普罗米修斯就是这样一个英雄。尽管受到宙斯最为残酷的惩罚，但普罗米修斯既不屈服也没有罪恶感。他知道，从众神那里偷取火种并将它传给人类是出于同情，所以他虽然不顺从，却没有罪。就像其他内心充满爱的英雄们（殉道者）一样，他打破了将不顺从与罪孽相等同的精神禁锢。

可是，社会并非由英雄们构成。只要饭桌是为少数人准备，大多数人就必须为这少数人的目的服务，并且满足于残羹冷炙，因此“不顺从就是罪孽”这种情感必然会被扶植。国家和教会在这方面通力合作，因为它们都必须保护自己泾渭分明的等级制度。国家需要宗教向人们灌输意识形态，把不顺从等同于罪孽；而教会则需要国家为其培养信徒，把服从当作美德。两者都利用家庭这一制度来训练小孩，孩子们从最初表现出个人意志开始就被要求服从，这种训练通常最晚始于如厕训练。只有击碎孩子的自我意志，才能为他今后成为合格的公民做好准备。

在传统的神学或世俗意义上，罪孽概念处于专制结构之内，而这一结构从属于占有型生存模式。人的中心不存在于自身，而存在于我们所屈服的权威。我们并不是通过生产性活动来获得幸福，而是通过被动服从和由此得来的权威的赞许。我们**有**一个领袖（世俗或宗教的，国王/女王或上帝），我们对他/她**有**信仰，我们**有**安全感——只要我们没有自己的面目。实际上，这种屈从不一定是有意识的，它既可以温和也可能严苛，心理和社会结构也不一定完全是专制的，有可能只是部分专制，但我们不能无视这样一个事实：只要我们把专制的社会结构内化，我们就处于占有型生存模式之中。

正如奥尔教授（Alfons Auer）简洁明了地强调的，托马斯·阿奎那关于权威、不顺从和罪孽的观点是人道主义的——罪孽不是对非理性权威的不顺从，而是对人的幸福的违背。① 阿奎

① 奥尔教授未发表的论文探讨的是托马斯·阿奎那所说的道德自主性，它非常有助于理解阿奎那的伦理思想，我非常感激他让我读了论文的手稿。同样有帮助的是他的另一篇论文，探讨“罪孽是对上帝的亵渎吗？”（“Is sin an insult to God?”）这一问题。详情请见参考书目。

那是这样说的："上帝只会因为我们的行为违背我们自己的幸福而受到亵渎。"(托马斯·阿奎那《反异教大全》,3,122)要理解他的这一立场,我们必须了解在阿奎那看来,决定人的善的既不是纯粹的主观愿望,也不是天生的本能欲望(斯多葛派称之为"自然的"),抑或是上帝的专断。起决定作用的是我们对人性的理性认识,以及认识到建立在人性基础之上、有助于人的最优发展和幸福的规范。(值得注意的是,阿奎那十分顺从教会,支持既有的社会秩序,反对革命教派,因此他绝不是非专制伦理的真正代表。他使用"不顺从"一词来表示这两种不顺从,有助于掩盖其立场的内在矛盾。)

不顺从意义上的罪孽是专制结构,即**占有**型结构的一部分,而在根植于**存在**型生存模式的非专制结构中,罪孽有着截然不同的含义。这种含义隐藏在关于人类堕落(即亚当和夏娃被逐出伊甸园)的《圣经》故事中,需要我们对这个故事做不同的解读。上帝将人安置在伊甸园中,并警告他不要吃生命之树和知善恶树上的果实。上帝看到"那人独居不好"(《创世记》,2：18),于是便造了一个女人。男人和女人应该结为一体。当时二人赤身裸体,"并不羞耻"(《创世记》,2：24)。对此,人们通常是从传统的性道德角度出发来加以阐释,认为男人和女人的生殖器如果裸露着,他们自然会感到羞耻。但这似乎不是这个文本的全部意义。在更深的层面上,这句话隐含着这样一个意思：虽然男人和女人一丝不挂地站在一起,但他们并没有也不会觉得羞耻，因为他们都不觉得对方是陌生人、是单独的个体；相反，他们觉得他们是“一体”的。

这种前人类的状况在人类堕落之后发生了根本变化。这时他们成了完全意义上的人，拥有了理智，能区分善恶，能意识到每个人都是单独的个体，能觉察到最初的一体已经破灭，人们彼此成了陌生人。他们彼此之间距离很近，但在感觉上是隔离和疏远的。他们感受到了最深的耻辱——“赤裸着”站在别人面前；同时意识到彼此间的疏离，感受到将彼此隔开的无法言说的鸿沟。他们用无花果树的叶子“为自己编作裙子”(《创世记》,3：7)，借此避免人与人之间毫无保留地接触，避免相互看到赤裸裸的对方。但是，羞耻和罪恶感不会因为他们将其掩盖起来就不复存在。他们不是满怀着爱去接近对方。或许他们在肉体上渴望对方，但肉体的结合无法治愈人的疏离。从他们对对方的态度上可以看出，他们彼此并不相爱——夏娃并没有保护亚当；亚当为了逃避惩罚而把责任推给夏娃，而不是为她说话。

他们犯下了什么过错呢？错就错在他们彼此都变成了疏离、孤立和自私的人，无法通过爱来结为一体，并克服彼此之间的隔阂。这种罪孽的根源在于人的生存本身。人被剥夺了与自然界原初的和谐关系，而这种和谐关系可以在动物身上看到，因为它们的生活是由其内在本能决定的。同时，人被赋予了理性和自觉。因此，我们无法回避与所有其他人完全分离的状态。在天主教神学中，这种彼此间完全疏离、异化、没有爱来加以弥合的生存状态，就被称作“地狱”。这是我们无法忍受的。我们必须寻找某种方式来克服这种绝对孤立对人的折磨——或屈服，或统治，或让我们的理智和意识沉默。但所有这些努力只能获得短暂的成功，并阻碍了真正问题的解决。有且只有一种方法能将我们从地狱中解救出来，那就是挣脱自我中心的牢笼，走出去，与世界**合为一体**。如果以自我为中心的疏离罪大恶极，那么这一罪孽可以通过爱的行动得到救赎(atone)。英文中“赎罪”(atonement)一词就表达了这样的观点，因为从词源上说，这个词来自英语 at-onement(合为一体)，在中古英语中是“联合”的意思。因为疏离之罪并不是不顺从的行为，因此不需要被**宽恕**。但是，它必须被**治愈**；治愈的唯一要素不是惩罚，而是爱。

冯克告诉我，有些神父继承了耶稣的观点，认为罪孽是非专制化的，真正的罪孽是分裂。他还举了以下一些来自亨利·德·吕巴克(Henri de Lubac)书中的例子。公元200年左右的神学家奥利真聂(Origines)说：“凡有罪孽的地方就有差别。而美德遍布之地，那里只有唯一与统一。”宣信者马克西姆斯(Maximus Confessor)说人类“本该是个和谐、没有冲突的整体”，但由于亚当的罪孽，“变成了闹得尘土飞扬的一群个体”。认为亚当的原始整体性受到破坏，类似观点也见于圣奥古斯丁(奥尔教授曾指出这一点)和托马斯·阿奎那的著述中。德·

吕巴克对此总结道:“要想复原,救赎的行为必须是重新获得失去的统一性,恢复人与上帝超自然的融合,以及人与人之间的和谐统一。”(参见《像上帝一样生存》中“罪孽与悔改的概念”这一部分,它是对整个罪孽问题的考察。)

总之,在占有型生存模式因而是专制结构中,罪孽就是不服从,解除的方法是忏悔——惩罚——再度屈服。而在存在型模式,即非专制结构里,罪孽是未能解决的疏离,解决的办法是全面发展人的理性和爱,使人们合为一体。

关于人类堕落的《圣经》故事有两种解读,因为故事本身既含有专制的成分,也含有解放的成分。但就解读本身而言,一种把罪孽解读为不服从,另一种将其解读为疏远和异化,形成了两种针锋相对的观点。

《旧约》中建造巴别塔的故事似乎包含着同一思想。人类达到了一种和谐统一的境界,其象征是人们说着同一种语言。由于他们追求权力的野心以及想要**占有**这样一座巨塔,人类破坏了自己的统一,变得七零八落。在这种意义上,巴别塔的故事是关于人类的第二次“堕落”的,是人类历史上的罪孽。上帝害怕人的统一和因此获得的力量,故事因而变得更加复杂。“耶和华说:‘看哪,他们成为一样的人民,都说一样的言语,如今既做起这事来,以后他们所要做的事就没有不成就的了。我们下去,在那里变乱他们的口音,使他们的言语彼此不通。’”(《创世记》,11:6-7)当然,这一难点在人类堕落的故事中就已经存在：在那个故事中，上帝惧怕人类吃了智慧树和生命树的果实而获得力量。

对死的恐惧——对生的肯定

如前文所述，假如人的安全感建立在他所占有的东西基础之上，那么他将不可避免地害怕失去这些财产。我想进一步谈谈这一点。让人不去依恋**财产**从而不怕失去什么，这是有可能的。但是，让人不害怕失去生命、不怕死，是否也能行呢？只有老人和病人才怕死吗？或者说所有人都怕死？是不是我们知道自己总会死的，所以这种意识将成为我们一生的负担？还是说，因为年纪和病痛的缘故，当我们距生命的终点越近，对死亡的恐惧感也就越剧烈、越清晰？

我们需要进行大规模的系统心理分析研究，调查人们从童年到老年的整个时期，并且把有意识或无意识的怕死的表现都包括进来。这些研究不应局限于个人的案例，而应利用现有的心理分析方法，对较大的群体进行研究。但目前尚无这样的研究，所以我们不得不根据一些零散的数据得出初步的结论。

最重要的例子或许就是长生不死这种根深蒂固的欲望，它体现在很多仪式和信仰中，人们试图保存人的躯体不腐坏。另一方面，在现代社会，特别是在美国，人们通常通过给尸体美容来否认死亡，这同样说明人们通过掩盖死亡来压抑对死亡的恐惧。

要想真正克服这种恐惧心理,途径只有一条。佛陀、耶稣、斯多葛派禁欲主义者和埃克哈特教士都给我们指明了这条道路:**不要对生命持有执念,不要把生命视为一种财产**。对于死亡的恐惧其实并不像表象那样是在害怕生命停止。死与我们无关,伊壁鸠鲁说:"因为只要我们还存在,死神就没有到来;一旦死神到来,我们也就不存在了(第欧根尼·拉尔修,《名哲言行录》)。"人们当然惧怕死亡之前的痛苦和折磨,但这与对死的恐惧是两码事。虽然这样看来对死亡的恐惧似乎是非理性的,但如果生命也被当作一种占有,那就不是这样了。那样的话,人害怕的就不是死亡,而是**失去他所占有的东西**——他的躯体、自我、财产以及身份,他害怕面对那个没有自我身份的深渊,害怕陷入"迷失"的境地。

只要我们仍然活在占有型生存方式中,我们必然怕死,任何理性的解释都不会消除这种恐惧。但是,一个人如果能够重建与生命的纽带,回应他人的爱并点燃自己内心的爱,那么哪怕他在弥留之际,恐惧感也会大大减少。要去除对死亡的恐惧,不是说要做好死的准备,而是持续努力**减少占有型模式,增加存在型模式**。正如斯宾诺莎所说,有智慧的人思索生命而非死亡。

知道了怎样去死,实际上也就知道了怎样生存。如果我们能摆脱对各种形式财产的占有欲,特别是摆脱自我的束缚,那么我们就不会对死亡感到恐惧，因为我们没有什么可失去的。[①]

此时，此地——过去，将来

存在型生存模式只在此时、此地之中，而占有型生存模式只在过去、现在和将来的时间之中。

在占有型生存模式中，我们受缚于"过去"所积攒起来的东西：金钱、土地、名望、社会地位、知识、子女以及回忆。我们追忆过去，通过**回忆**过去的感觉(或者我们以为是感觉的东西)来获取感受。(这便是多愁善感的本质。)我们就是过往。我们可以说："我就是我的过去。"

将来是对过去将会发展成什么样子的预期。在占有型生存模式中，人们体验未来的方式与过去相同，比如人们常说"这个人**有**前途"，意思是这个人将会**拥有**许多他/她现在还没有的东西。福特汽车公司的广告口号是这样的："您的未来里有一辆福特"，强调的是将来的**占有**，就像一些商业交易中的期货(commodity futures)买卖。不管是过去还是将来，对于占有的最根本体验是相同的。

现在是过去和将来的汇集点，是时间的边境站，它把过去

---

① 我的论述只限于对死亡的恐惧本身，至于那个无法解决的问题，即我们的死会给爱我们的人造成痛苦，则不在我的讨论范围之内。

和将来联结起来，但本质上与二者并无差别。存在不一定脱离于时间之外，但时间维度并不统治存在。画家与色彩、画布和画笔角力，雕塑家则跟石头和凿子较劲。但创意活动，以及人们对创作的“预想”却超越了时间。这种想象发生于电光石火间，或者多个瞬间，但在这种想象中没有对时间的体验。对于思想家来说也是如此。用文字记录思想发生在时间之中，但构思这一创意行为本身却超乎时间之外。存在的每一种表现形式都是这样。对于爱、快乐以及领悟真理的体验都不在时间之内，而在此时、此地。**此时此地即永恒**，即无时间性。人们往往把永恒理解为无限延长的时间，这是不对的。

对于与过去的关系，必须要有一个重要的限定。我指的是对过去的回忆、思索与沉思。以这种方式来“占有”过去，过去就是死的。但人们也可以使过去复活。人们可以用崭新的心态体验过去的情境，仿佛它就发生在此时此地；也就是说，人们可以重新创造过去，将过去激活（象征性地说，让死者复活）。如果人们能够做到这一点，那过去就不再是过去了，它变成了此时、此地。

人们也可以体验未来，就好像它是此时此地一样。当一个人在对未来的预想中充分体验未来的状态，以至于这只是“客观上”，即作为外在的事实的未来，而不是主观体验上的未来，那么未来就变成了此时此地。真正的乌托邦思维就是这种性质（与乌托邦的白日梦相反），它是真正信仰的基础，不需要“在未来”的外部世界将其实现才能将之体验为现实的存在。

我们把时间理解为过去、现在和将来,是由于肉体生存的缘故——有限的寿命、肉体不断需要得到照料以及物质世界的本质使我们必须利用它以维持自己的生存。诚然,我们无法永恒地生存,因为人总是会死的,我们无法忽视和逃脱时间。日夜的更替、睡眠与清醒、成长与衰老以及我们需要通过劳动来维持生命和保护自己。如果我们想要活下去,所有这些因素都迫使我们**尊重**时间,而我们的躯体要求我们活着。但**尊重**时间是一回事,**屈服**于它是另外一回事。在存在型模式中,我们尊重时间,但不屈服于它。但若占有型模式占主导地位,对时间的尊重就会**变为屈从**。在这种模式中,不仅物是物,所有生命体也都变成了物。在占有型模式中,时间成为我们的统治者。在存在型模式中,作为君主的时间被罢黜了,它不再高高在上地统治我们的生活。

在工业社会中,时间的统治至高无上。目前的生产模式要求对所有生产活动准确计时。受时间统治的不仅仅是永不停歇的流水线传送带,在不那么直白的意义上还包括所有的人类活动。不仅如此,时间不仅仅是时间,“时间就是金钱”。必须最大限度地使用机器,因此机器把自身的节奏强加给了工人。

时间借助机器成为了我们的统治者。我们似乎只有在自由时间里才有一定选择权。但我们往往像安排工作那样安排自己的闲暇时光。又或者我们通过绝对的懒惰来反抗时间的暴政。除了违抗时间的命令,我们什么都不做,由此获得自由的幻觉,但实际上我们只是从时间的监狱里获得假释而已。

第三部分

新人类与新社会

第七章　宗教、性格与社会

这一章的论点是：社会变革与社会性格的变化相互作用；“宗教”的冲动能为男男女女提供必要的能量，推动他们从根本上变革社会。因此，只有当人的心灵发生根本变化，即当人们放弃现在的追求，转而投身于新的人生目标，崭新的社会才有可能到来。①

社会性格的基础

这些反思的出发点是，普通个人的性格结构与其作为一分子的社会经济结构是相互依存的。我把个人心理领域与社会经济结构融合的产物称为**社会性格**（social character，早在1932年，我曾用“社会的力比多结构”来描述这一现象）。一个社会的社会经济结构塑造其成员的社会性格，使他们把**不得不**

---

① 这一章是在我以前著作的基础上写成的，特别是《逃避自由》(1941)和《心理分析和宗教》(*Psychoanalysis and Religion*，1950)。在这两本书中，我引证了关于这一课题的大量重要文献。

做的事当作自己**希望去做**的事。与此同时，社会性格也影响着一个社会的社会经济结构，它既可以是一种凝聚力，让社会结构更加稳定，也可以在特殊情况下成为炸药，摧毁这种社会结构。

社会性格与社会结构之关系

社会性格与社会结构之间的关系从来都不是静止不变的，因为二者都是不断发展变化的过程，其中一个的变化势必引起两者的共同变化。许多政治革命者认为，首先必须彻底改变政治和经济结构，然后作为随之而来的必然步骤，人的思想必然发生变化。换言之，新社会一旦建立，新人类几乎同时产生。但他们没看到的是，新的精英们由于仍然受旧的社会性格驱使，他们将在革命所创建的新的社会政治体制中重建旧社会的条件状况。革命所取得的胜利实际上是革命的失败，社会经济发展胎死腹中，革命胜利并没有成为给社会经济发展铺平道路的历史阶段。法国和俄国大革命就是教科书般的例子。值得注意的是，列宁最初以为一个人的性格特质对于其革命职能影响不大，但在生命的最后一年里，列宁彻底改变了自己的观点，因为他清楚地看到斯大林的性格缺陷：他在遗嘱中要求，斯大林由于性格缺陷，不能做他的继任者。

一些人则走向另一个极端，他们主张首先要改变人的本性，即人的意识、价值观以及性格，只有这样才能真正建立一个以人为本的社会。人类历史证明他们是错误的。纯粹心理上的变化只停留在个人领域,局限于极有限的范围。若是宣扬一套精神价值,实际却奉行另一套价值准则,那么纯粹心理上的变化就丝毫不起作用了。

社会性格与"宗教"需求

社会性格除了服务社会、满足社会对某种性格类型的需求以及满足社会成员在这种性格影响下的行为需求,还有另外一个重要功能,那就是满足人们内在的宗教需求。需要澄清的是,我这里所说的"宗教"不一定与上帝的概念或偶像或是人们通常认为的宗教体系有关,而是指**一个群体所共有的任何思想和行为体系,这个体系给个人提供方向感和人生目标**。从这一词的广义上说,不论过去、现在甚至将来,没有哪一个文化是不包含宗教的。

"宗教"的这一定义并没有告诉我们它的具体内容。人们崇拜的对象可以是动物、树木、用黄金或石头打造的神像、看不见的神、一位圣人或恶魔般的领袖,也可以是他们的祖先、国家、阶级或政党、金钱或成功。宗教既有可能助长人的破坏性,也有可能增加爱意;既有可能加强统治,也有可能促进团结;既有可能使人们的理性力量得到发展,也有可能使之瘫痪。人们也许会把他们的思想行为体系看作与世俗领域截然不同的宗教体系，或者自以为没有宗教，把他们倾力追求的东西解释为某些所谓的世俗目标，如权力、金钱和成功，认为这些不过是对现实和权宜的考量。问题不在于这**是不是宗教**，而在于这是**哪一种宗教**？它究竟是能促进人的发展、展现人的各种能力，还是阻碍人的成长？

某个特定的宗教，只要它能有效激励人的行为，就不完全是教条和观念的集合。它植根于个人特定的性格结构之中，并且鉴于它是某一群体的宗教，也就植根于社会性格之中。因此，我们应该把自己的宗教态度看作我们性格结构的一个方面，因为**我们就是我们所追求和笃信的，而我们所追求和笃信的则激励着我们的行为**。但是，一个人对自己真正追求和笃信的是什么往往一无所知，他们把自己"官方的"信仰与其真正的、**隐秘的**宗教信仰混为一谈。比方说，一个人崇拜的是权力，但他公开宣称信仰的是爱的宗教，那么对权力的信仰则是他的秘密宗教，而他所谓的官方宗教，例如基督教，只不过是一种意识形态。

宗教信仰的需求根植于**人类**生存的基本境况。就像黑猩猩、马和燕子一样，人类是独立的种属。每一种属都是根据其特定的生理和解剖特征来划分的。关于人类这一物种，人们已在生物学意义上达成广泛共识。我曾建议对人类，即人的本质做出**心理上**的定义。在动物王国的生物进化中，人类出现在两种动物进化趋势的交汇点。一种趋势是，**本能对行为的决定力**

量不断减少(以往对本能的理解将学习因素排除在外,此处"本能"的意义不同,指的是官能的冲动)。尽管关于本能的本质存在许多有争议的观点,但大家普遍接受的看法是,动物进化的程度越高,它的行为受种系发生史上依序出现的那些本能的支配就越少。

我们可以把行为受本能支配程度逐步降低的过程绘制成一条连续轴,为零的一端是动物进化的最低形式,受本能支配的程度也最高。随着不断进化,本能的支配程度逐渐降低,到了哺乳动物已经降到了一定水平;到了灵长动物那里,本能的支配程度更低,但我们仍能看到猴子和类人猿之间的巨大差别(R. M. Yerkes 和 A. V. Yerkes 于 1929 年的经典调查曾指明这一点);到了**人类**这里,受本能支配的程度降至最低水平。

动物进化过程中的另一个趋势是**大脑的发展,特别是大脑新皮质的发展**。这里我们也可以画一条连续轴,一端是最低等的动物,它们具有最原始的神经结构和较少的神经元;另一端是**智人**,他们的大脑结构更大、更复杂,特别是他们大脑新皮质的大小,是我们的祖先灵长目动物的三倍,而且神经元间的联结数量惊人。

基于以上事实,我们可以把人类定义为一种在进化史中最低程度上受本能支配、脑的发展达到最高程度的灵长动物。最低限度受本能支配和最大限度的脑部发展,二者的结合在生物进化史上前所未有，成为生物学意义上的全新现象。

人类不再受本能驱使，同时又具有自我意识、理智和想象力，这些新的特质是即使最聪明的灵长动物的工具性思维都无法比拟的。因此，人类为了生存下去，需要有一个**价值取向框架**和**人生追求目标**。

如果没有一张自然界和人类社会的地图，即一张关于世界以及自己在其中位置的井然有序、中心明确的图纸，人们就会茫然困惑，无法采取目标明确、前后一致的行动，因为他会失去方向，无法找到一个固定的点让他组织他所接收到的所有不同印象。我们通过与周围的人达成共识来理解世界的意义，从而对自己的想法有所把握。即使我们的地图是错的，它也发挥着心理上的功能。但地图从来不会完全错误，也不可能完全正确，它始终足够接近对现象的解释来服务于人生目的。只有当我们的实际生活摆脱了种种矛盾和不理智时，这张地图才是符合现实的。

值得注意的是，没有一种文化不包含这样的价值取向框架。对于个人来说也是这样。个人可能宣称自己没有这样一张总体图纸，自以为是凭着自己的判断，根据具体情况来处理生活中遇到的不同现象和事件。可是很容易看到，他只不过把自己的人生哲学当作理所当然，因为这对他不过是常识罢了。他丝毫没有注意到，他所有的观念都基于一个广为接受的信仰参照系。当这些人遭遇另外一种完全不同的人生观时，便认为它是“疯狂”、“不理智的”或“幼稚的”，只有他们自己才是唯一“合乎逻辑的”。我们尤其可以在儿童那里清楚地看到人们内心深处对这种参照系的需求。到了一定年龄，儿童会用他们所能获取的少量资料，巧妙地为自己创造出一个价值取向框架。

然而，仅靠一张地图来指导行动是不够的，我们还需要一个目标来告诉我们去向何方。动物没有这样的问题，它们的本能为它们提供了地图以及目标。但我们是不受本能支配的，我们的大脑让我们想象出许多可供选择的方向，因此我们需要一个人生目标，它既是我们一切努力的焦点，又是我们实际（而非口头上的）价值观的基础。我们需要这样的人生目标来凝聚所有精力朝一个方向努力，来超越我们孤独的生存境况，摆脱所有的疑虑和不安，以及满足我们对人生意义的追求。

社会经济结构、性格结构以及宗教结构，三者密不可分。如果宗教体系与盛行的社会性格不符，如果它与社会生活实践相冲突，那么它就只是一种意识形态而已。我们必须看到隐藏其后的**真正的**宗教结构，即使我们可能没有意识到这一点。只有当性格中宗教结构所固有的人类精力成为炸药，试图摧毁现存的社会经济条件时，我们才能意识到它。然而，对占统治地位的社会性格来说，总有一些人是例外。同样，在某种宗教性格占统治地位的情况下，也有一些人是例外。这些人往往是宗教革命的领袖或是新宗教的创立者。

“宗教”取向是所有“崇高”宗教的体验内核，但几乎都被这些宗教在发展过程中腐蚀败坏了。一个人如何有意识地看待自己的个人取向并不重要，他可能是一位“有宗教信仰”的人，但自己却不这么认为。抑或他虽然觉得自己是个基督徒，但实际上一点宗教信仰都没有。除了概念和结构方面，我们无法用言语描述一种宗教的**体验**内容。因此，我用加引号的“宗教”来表示这个词语经验的、主观取向上的意义，无论这个人用以表达自己“宗教热忱”的概念结构是什么。①

西方世界信仰基督教吗？

根据历史书籍和大多数人的看法，欧洲开始信仰基督教始于康斯坦丁大帝统治下的罗马帝国，而后在公元八世纪，北欧的异教徒在“日耳曼使徒”卜尼法斯(Bonifacius)等人的传道影响下皈依了基督教。**但欧洲真的曾经完全信奉基督教吗？**

尽管对这个问题的回答一般都是肯定的，但仔细分析一下就可看出，欧洲皈依基督教很大程度上只是个假象。十二至十六世纪的情况充其量只能说是有限地皈依基督教，而在这之前和之后的几个世纪，人们皈依的基本上只是一种意识形态以及对教会或多或少的屈从，人们的心灵并没有发生变化——即性格结构没有改变。当然，也出现了许多真正的基督教运动，但

① 关于无神论的宗教体验问题，布洛赫(Ernst Bloch)进行了极为深刻和大胆的论述。

这些都是例外。欧洲在这四百年中才开始真正信仰基督教。在处理财产、物价和济贫等问题上，教会努力实行基督教的原则。出现了许多持部分异教观点的领袖和教派，他们主要受神秘主义的影响，要求重归基督的原则，其中就包括对财产的谴责。神秘主义在埃克哈特教士那里达到了顶峰，在反专制的人道主义运动中起了关键作用。妇女成为让人瞩目的神秘主义教师和学生，这点绝非偶然。很多基督教思想家都提出要建立世界性宗教或一种简单的、非教条化的基督教，甚至连《圣经》里上帝的概念也都成了问题。那些文艺复兴时期的神学和非神学的人文主义者，他们的哲学和乌托邦理想承袭了十三世纪的路线。实际上，在中世纪晚期（"中世纪复兴"）与真正的文艺复兴之间并没有明确的界线。为了说明文艺复兴高峰和晚期的时代精神，我引证阿尔茨（Frederick B. Artz）的一段总结性的话：

> 伟大的中世纪思想家们认为，上帝面前人人平等，即使最卑微的人也有无限的价值。在经济领域，他们认为劳动是尊严而不是堕落的根源，不应利用人去做无益于其幸福的事，工资和物价必须以公正为准绳。在政治方面，他们认为国家职能应该是道德的，法律及其施行都必须以基督教的公正精神为依据，统治者与被统治者之间的关系应该建立在互惠的义务基础上。上帝将国家、财产和家庭委

> 托给管理者，这些领导者必须在管理过程中贯彻上帝的神圣意志。总之，中世纪的理想包含这样一个强大信念——即所有民族和国家都是一个共同体。正如歌德所说："国家之上是人类。"1915 年，在被处决的前夜，卡维尔(Edith Cavell)在自己的作品《效法基督》的空白处写道："爱国主义是不够的"。

事实上，如果欧洲历史沿着十三世纪的精神路线继续发展下去，如果科学知识和个人主义以革命性的方式慢慢发展，那么我们今天的处境也许更为有利。只可惜，理性开始退化为操纵他人的智能，个人主义演变为利己主义。短暂的基督教化时期结束了，欧洲又回归到之前的异教信仰。

不管思想差别有多大，所有基督教派别都有一个共同信仰，那就是耶稣基督是救世主，他出于对人的爱而牺牲了自己的生命。他是爱的英雄、没有权力的英雄，他不使用暴力，不想统治别人，不想**占有**任何东西。他是**存在**的英雄、给与的英雄、分享的英雄。这些品质深深打动了罗马的穷苦人以及一些对自己的自私忍无可忍的富人。耶稣呼唤人的心灵，尽管从理性的观点来看，他最多只能被认为是天真幼稚。对这位爱的英雄的信仰使他赢得了成千上万的追随者，其中许多人都改变了生活方式，或自己成为了殉道者。

基督教英雄就是殉道者，因为与犹太教传统一样，基督教的最高目标就是为上帝和同胞献出生命。这些殉道者与非基督教的英雄，如希腊和日耳曼的英雄截然不同。非基督教英雄的目标是征服、战胜、毁灭和掠夺，他们的人生目标是荣誉、权力、名望以及超凡的杀戮技巧。（圣奥古斯丁把罗马帝国的历史比作一群强盗的历史。）对于非基督教的英雄来说，人的价值就在于他获取和保有权力的能力，因此在夺取战斗胜利的时刻，他会含笑而死。荷马的《伊利亚特》是部宏大的诗歌作品，描述的就是这些光荣的征服者和强盗。殉道者的特征是**存在**、给与和分享，而非基督教英雄的特征是**占有**、剥削和强制。（还应当注意，非基督教英雄的形成是与父权制战胜母系社会联系在一起的。男人对妇女的统治是最初的征服行为，也是首次运用暴力进行剥削。男人胜利之后，在所有的父权制社会中，这些原则就成为男人性格的基调。）

这两种模式是互不相容的，那么我们的社会发展至今天，其中哪一种模式盛行于欧洲呢？倘若看一看我们自己，看一看绝大多数人的行为和我们的政治领袖，无可否认的是在我们心目中，善和价值的榜样是非基督教的英雄。尽管欧洲和北美洲皈依了基督教，但其历史是征服、傲慢和贪婪的历史。我们的最高价值是：比别人强、成为胜利者、征服他人和剥削他人。这些价值正好与我们的“男性气概”理想相吻合——只有能够战斗和征服的人才算得上是男人，不会使用暴力的人是软弱、“无男子气概的”。

欧洲历史是征服、剥削、暴力和压迫的历史,这一点无需证明。几乎没有一个历史时期不是这样,也没有一个种族和阶级除外。历史还常常包含种族灭绝(如美洲印第安人的遭遇),甚至一些宗教行动(如十字军东征)都是如此。这种行为是不是仅仅在表面上由经济和政治原因驱动?那些奴隶贩子、印度的统治者、屠杀印第安人的刽子手、强迫中国开放口岸进口鸦片的英国人,以及挑起两次世界大战并为下一次战争做准备的人,他们在内心里都是基督教徒吗?或者说,只有那些首领才是掠夺成性的异教徒,而大多数群众都是基督教徒?如果真是这样,那我们也就倍觉轻松了。遗憾的是,事实并非如此。诚然,首领比其追随者更贪婪成性,因为他们能得到的更多,但无论过去还是现在,如果对征服和成为胜利者的期望不是社会性格的一部分,他们的计划就不可能实现。

我们只需回忆一下,在过去的两个世纪人们是以怎样的狂热投身于一次又一次的战争——数百万人甘愿冒着国家被毁灭的风险,只为了维护“最强国”的形象或者“荣誉”和利益。再举一个例子,我们可以想一想人们在观看现代奥林匹克运动会时狂热的民族主义情绪,即使奥林匹克运动会宣称为和平事业而举办。实际上,奥运会比赛广受欢迎,这本身就是西方异教信仰的象征性表现。人们为非基督教英雄而庆祝,尊崇胜利者、最强者和独断者,却忽视了在仿效古希腊奥林匹克运动会的当代奥运会中,商业与宣传肮脏地结合在了一起。

在基督教文化中,人们更感兴趣的是耶稣受难剧,而不是奥林匹克运动会。然而,最著名的耶稣受难剧在德国的上阿默高(Oberammergau)上演,这个地方现在却因此成了旅游胜地。

如果这一切都是事实,那么欧洲人和美国人为何不公开宣布放弃基督教,称其不合时宜呢?原因有多种。比如,为了防止人们因缺乏纪律而威胁社会凝聚力,宗教作为意识形态是必须的。但更重要的原因是,那些坚信耶稣是伟大的仁爱者、是一个自我牺牲的上帝的人,能把这种信仰通过异化的方式变为一种体验,让耶稣代替他们去爱。于是耶稣就成了一个偶像,对他的信仰代替了人们自己爱的行动。人们有一种无意识的心理,简单说来就是"基督代替我们去爱了,我们可以继续按照古希腊英雄的样子去做,但仍然能够得到救赎,因为已经异化了的基督'信仰'可以代替对基督的效仿"。不言而喻,基督教还是一个廉价的幌子,掩盖着人们的贪欲。无论如何,我始终相信,人类天生就有爱的需求。如果我们的行为像狼一样,我们必然会有罪恶感。丝毫没有爱会让人无意识中产生罪恶感,这种罪恶感会带来痛苦。我们宣称自己信仰爱,能让我们在一定程度上变得麻木,从而感受不到这种痛苦。

"工业时代的宗教"

中世纪以后的宗教和哲学发展非常复杂,本书无法详加论述。这种发展的特点可概括为两种原则之间的斗争——一种是体现在各种神学或哲学形式中的基督教精神传统;另一种则是偶像崇拜和非人道的异教传统,它形式多样,随着所谓的“工业主义和控制论时代的宗教”发展而来。

文艺复兴时期的人文主义沿袭中世纪晚期的传统,是中世纪结束之后“宗教”精神的第一次繁荣。人的尊严、人类的统一、普遍的政治和宗教统一等思想都在其中得到了充分表达。十七、十八世纪的启蒙运动是人文主义的又一次高峰。贝克尔(Carl Becker,1932)指出,启蒙时期的哲学在相当大的程度上与十三世纪神学家的“宗教态度”一脉相承,他说:“如果我们仔细看一看这些哲学家们的思想基础,我们处处都能发现他们受惠于中世纪的思想遗产,尽管他们自己没有意识到这一点。”启蒙哲学催生的法国大革命不仅仅是一场政治革命。正如托克维尔(Tocqueville)所说,法国大革命是一场“在方式和一定意义上类似于宗教革命的政治革命。如同伊斯兰教和新教的革命,它冲破国家和民族的界限,并通过传教和宣传不断扩散”。

至于十九、二十世纪的激进人道主义,我后面在说明人道主义如何反抗工业时代的异教时还会谈到。但作为后面讨论的基础,我们必须先来看看这种新的异教,它与人文主义同时发展起来,在今天这个历史关头威胁着要将我们毁灭。

路德将母爱的成分革出教门,从而为后来“工业时代的宗教”的发展奠定了第一块基石。这虽然显得有点儿离题,但我还是要对这个问题作进一步说明,因为这非常有利于我们理解这种新的宗教以及新的社会性格的发展。

社会组织原则有两种——以男子为中心建立(父权制),或是以女子为中心建立(母权制)。以女子为中心的原则其核心是慈爱的母亲,关于这一点,巴霍芬(J.J. Bachofen)和摩尔根(L. H. Morgan)首次做出了说明。母爱原则就是无条件的爱。母亲之所以爱她的孩子,不是因为孩子给她带来了快乐,而是因为这是她(或另一位妇女)的孩子。因此,孩子不会因为行为良好而赢得母爱,也不会因为恶行而失去母爱。母爱是**恩惠**和**怜悯**。[在希伯来语中,"怜悯"(rachamim)一词的词根是"子宫"(rechem)。]

与之相反,父爱是有条件的。能否赢得父爱要看孩子的成就和表现。父亲偏爱与其最相似的孩子,并希望由这个孩子继承遗产。一个人可能失去父爱,但通过悔过和再次屈服又可重获父爱。父爱就是**公正严明**。

女性、母亲的原则与男性、父亲的原则不仅仅分别对应一个人身上同时存在的女性气概和男性气概,还尤其对应了每一个男人和女人对恩惠和公正二者的需求。人类最深层的渴望似乎是两极的合一(慈母和严父、女性气质和男性气质、恩惠和公正、感情和思维、本性和理智),在这种融合的状态下,两极都不再具有对抗性,并且相辅相成。虽然在父权制社会中这种融合无法完全达到,但它在某种程度上存在于罗马天主教会里。一方面,圣母马利亚和教会像慈爱的母亲,代表慈母般的、无条件的、包容一切的爱;另一方面则是严格的、父权制的等级制度,教皇作为其首脑执掌一切,这些都是代表父亲的元素。

与宗教体系中代表母亲的元素相对应的,是在生产过程中与自然界的关系。例如,农夫的耕作和工匠的劳作都不是对自然界敌对性的掠夺和侵略。他们与自然界合作,而不是践踏自然,他们遵从自然界的内在规律去改造自然。

路德在北欧建立了纯粹由男性主宰的基督教,其社会基础是城市中产阶级和世俗统治者。这一新社会性格本质上是对父权制权威的屈从。为了获得爱和承认,唯一的办法就是劳作。由这样的基督教装点门面,背后隐藏的是一种新的宗教——工业时代的宗教,其根源在于现代社会的性格结构,尽管人们不把它视为一种宗教。工业时代的宗教与真正的基督教完全不相容,它让人沦落为经济和人们一手打造的机械的奴仆。

工业时代的宗教建立在新的社会性格基础上。这种社会性格的核心包括：对强大的男性权威的恐惧和屈服;培养人们因不服从而产生的罪恶心理;以及让自私自利和互相敌对占上风去消解人与人之间团结的纽带。尽管工业时代的宗教在其总的原则框架内促进了个人主义和个人自由的发展,但在这种宗教中,“神圣”的是劳动、财产、利润和权力。基督教被转化为一种纯粹父权制的宗教,因而仍然可以用基督教的话语体系来表述工业时代的宗教。

“营销型性格”和“控制论宗教”

要理解当代人类社会的性格和隐秘宗教，一个最重要的事实是从资本主义早期到二十世纪后半叶，社会性格发生了巨大变化。服从权威的强迫性囤积型性格形成于十六世纪，直至十九世纪末期都至少是中产阶级的主导性格结构，后逐渐与**营销型性格**（Marketing Character）融合或被其取代。（我在《自我的追寻》一书中对不同性格取向的融合做过描述。）

我把这种现象称为“营销型性格”，因为其基础是人们把自己当成商品，把自身的价值当作“交换价值”而不是“使用价值”。人类成了“个性市场”上的商品。个性市场和商品市场的估价原则是一样的，只不过在前者待价而沽的是个性，在后者是商品。在这两种情况下，价值就是交换价值，而“使用价值”只是一个必要非充分条件。

虽然作为成功的先决条件，技术和人的素质与个性之间的比例关系会有变化，但起决定作用的总是个性因素。一个人能否成功，主要还是看他在市场上“好卖”还是“不好卖”，看他是否能推销自己的个性，看他的“包装”是否有吸引力，是否“开朗”、“健康”、“有冲劲”、“可靠”、“有雄心”，以及家庭背景如何，是哪家俱乐部的成员，是否认识“对路”的人物，等等。从某种程度上说，哪种个性类型更受欢迎，要看他所处的职业领域。不论是股票经纪人、推销员、秘书、铁路职员、大学教授还是饭店经理,不同的职业要求他们拥有不同的个性,但无论差别有多大,他们都必须满足一个条件——满足市场需求。

一个人对待自己的态度也受到这种状况的影响,因为仅仅有本事去完成某项工作是不够的,为了获得成功,他必须在与他人的竞争中"成功推销自己的个性"。如果为了谋生,只是运用自己的知识和技能就够了,那么与他的自尊成正比的是他的能力,即他的使用价值。但成功在很大程度上取决于一个人的个性是否"畅销",于是他把自己当作一种商品,说得更确切些:既视自己为销售商,又视自己为待售的商品。一个人关心的不是自身的生活和幸福,而是自己的销路。

营销型性格的目标是百分之百的适应性,以便在个性市场的各种条件下都能成为抢手货。这种性格的人不似十九世纪的人那般**拥有**自我,他没有自己的支点和稳定的属性,因为他不断地改变自我,依循的原则就是:"你想要我怎样,我便怎样。"

具有营销型性格结构的人没有目标,只有不断地运动,并尽可能高效地把事情办成。如果问他们**为什么**要如此迅速,**为什么**要把事情办得这么高效,他们无法给出真正的回答,只能给出一些合理的解释,如"为了创造更多的就业机会"或"为了公司的发展"。他们对哲学和宗教问题既不感兴趣甚至也不好奇:比如生活的目的是什么,以及人为什么要往这个方向而不是那个方向走。他们有巨大且不断变化着的自我,但他们没有真正的自己，没有一个核心，没有身份认同。现代社会的“身份危机”说到底是因为其成员都变成了没有真正自我的工具，他们建立自己的身份依靠的是加入大公司或其他庞大的官僚机构，就像原始社会成员的身份来自于所属的氏族。

有营销型性格的人既不会爱，也不会恨。这些“过时的”情感与仅在头脑层面运转、避免一切善恶情感的性格结构格格不入，因为它们阻碍了这些人实现其主要目标——销售和交换，或者更确切地说，阻碍了这些身处“庞大机器(megamachine)”中的人按照机器的逻辑运行。这些人除了关心自己在这个机器中的运行状况，不会问任何问题，若能在体制内得到升迁，就表明运行良好。

具有营销型性格的人无论与自己还是他人都没有多深的情感联结，于是他总是一副不在乎的样子，这并不是因为他自私自利，而是因为他与别人以及自己的关系都很淡薄。这也许能够解释为什么尽管他们知道核技术和生态平衡的破坏会带来灾难性后果，却仍然无动于衷。他们对自身所面临的危险似乎毫无畏惧，也许称得上是勇敢和无私，但他们对自己的子孙后代无所谓的态度又排除了这样的解释。他们在所有这些层面上表现出来的漠不关心源于他们情感纽带的消失，哪怕是跟他们“最亲近的人”也是如此。事实上，具有营销型性格的人跟谁都不亲近，包括他自己。

一个令人费解的问题是，今天人们虽然乐意购买和消费，但对自己购得的物品却没什么感情。对这一问题的有力解答可以从营销型性格现象中寻找。由于具有这种性格的人不具有建立感情联结的能力，所以他对物品也抱着一种无所谓的态度。他在意的是物品给他带来的气派和舒适，而物品本身无关紧要。物品完全是消耗品，朋友与情人亦然，因为并不存在与这些人和物的深厚纽带。

营销型人格的目标——在既定条件下“正常运转”——使得他们对世界的回应方式大体是头脑层面的。“理解”意义上的理性是**智人**独有的素质；作为达到实际目标的工具，操作性智能(manipulative intelligence)则为动物和人共有。这种操作性智能如果不通过理性加以控制，将是十分危险的，因为从理性的角度来看，它可能会使人走上自我毁灭的道路。事实上，不受控制的操作性智能越高，危险也就越大。

像达尔文(Charles Darwin)这样的伟大科学家就曾指出，纯粹科学的、异化的智能可能给人们造成悲剧性的后果。他在自传中写道，三十岁以前，他对音乐、诗歌和绘画艺术一直怀有浓厚的兴趣，但后来很多年他对这些东西兴趣全无。他说：“我的头脑好像变成了机器，用来把大量的事实碾碎，从而提取出一些普遍性规律。[……]丧失了这些爱好就等于失去了幸福，并有可能对智力造成伤害，更有可能对道德品质造成损害，因为它削弱了我们本性中的情感方面。”(转引自 E. F. Schumacher)

达尔文所描述的变化过程自他的时代起发展得越来越快，理智与心灵几乎完全分离了。有趣的是，在最具挑战性和革命性的科学领域（如理论物理），顶尖的研究者并没有经历理性的退化，并且深切关注哲学和宗教问题。这样的科学家包括爱因斯坦、玻尔、西拉德、海森堡和薛定谔，等等。

头脑层面的操作性思维占据主导地位，随之而来的是人们情感生活的衰退。因为不被社会需要，得不到培植，甚至会阻碍社会的最佳运转，感情生活遭到扼杀，或者仅仅停留在幼儿的发展水平。因此，营销型性格的人在感情问题上格外幼稚。他们常常被“感情充沛的人”所吸引，但由于自身的幼稚，他们无法判断这些人究竟是真诚的还是伪装的。这或许就解释了为何在精神和宗教领域那么多骗子能够成功。这或许同样能够解释，为什么表现出强烈情感的政治家能够吸引营销型性格的人；以及为什么这种性格的人无法辨别哪些人具有真正的宗教信仰，而哪些人是公共关系运作的产物，他们貌似强烈的宗教情感只是假象。

“营销型性格”一词并不是描述这类人的唯一词汇，也可以用马克思的概念将之称为“异化的性格”，因为这种类型的人与他们的工作、他们自身、其他人以及自然界的关系都是疏离异化的。用精神病学的术语来说，营销型性格的人是精神分裂人格。但这个词可能会有些误导，因为一个精神分裂的人若是与其他患者共同生活在一起，并且卓有成效地工作，甚至获得成功，他就会完全摆脱在“正常的”环境里因为自己是精神分裂症患者而产生的不安感。

在对本书的手稿进行最终修订时，我有幸读到了迈克尔·麦科比即将出版的著作《运筹学家：新的企业领袖》的手稿。在这本书里，他对美国经营状况最佳的大公司中的两家进行了调查，深入研究了二百五十名执行官、经理人和工程师的性格结构。书中的许多发现都印证了我所描述的控制论型人格特征，尤其是头脑占主导地位、情感发育不足的现象。考虑到麦科比所描述的这些执行官和经理人都是或将是美国社会的领导人物，他的发现具有重大的社会意义。

麦科比对作为研究对象的这群人中的每一位都进行了三至二十次面谈，他所列出的数据勾勒出这一性格类别的清晰图像[①]：

对于理解事物怀有科学的兴趣，有活力的工作情绪，生气勃勃　0%

有主心骨、有活力、有工匠精神，但是缺乏对事物之本质的深入的、科学的兴趣　22%

工作本身能激发兴趣，但兴趣不是自发的　58%

① 经允许后复制。关于这方面的研究也可参阅伊格纳西奥·米伦（Ignacio Millan）所著的《墨西哥经理人的性格》（*The Character of Mexican Executives*），此书即将出版。

工作产出能力中等，缺乏中心。对工作的兴趣本质上是工具性的，为的是生活保障和收入	18%
消极被动，工作没有成效，精神涣散	2%
排斥工作和现实世界	0%
	100%

其中有两个突出特点：(1) 对理解事物(理性)缺乏浓厚的兴趣；(2) 对大多数人而言，工作激励不是自发的，或者工作本质上只是获取经济保障的途径。

此外，麦科比还给出了一个所谓“爱的标度”，与上表形成鲜明对比：

心中有爱，乐观肯定，创造性地激励人心	0%
有责任感，内心温暖，关爱他人，但爱得不深	5%
对他人的兴趣一般，有可能产生爱的情感	40%
对他人的关心符合习俗，为人体面，角色意识强	41%
消极，内心没有爱，漠不关心	13%
排斥生活，铁石心肠	1%
	100%

在被调研的人当中，没有一个人可以被描述为爱得深沉，尽管5%的人“内心温暖，关爱他人”。其余所有人都被归结为

对他人的兴趣一般，或是遵循习俗地关心他人，或是内心没有爱，或是完全排斥生活——这确实是一幅鲜明的图像，其中情感发育不全与头脑占主导地位形成巨大反差。

营销型性格所信奉的“控制论宗教”与这种性格的整体结构相符合。隐藏在不可知论和基督教伪装之后的是彻底的非基督教信仰，尽管人们并没有意识到这一点。很难去描述这种非基督教信仰，因为它只能根据人们做了什么或没做什么推断出来，而不是以人们对宗教有意识的思索或教会的教条为依据。一眼就能看出来的明显特征是人类把自己变成了上帝，因为人类在技术上已经具有对世界进行“再创造”的能力，进而取代了传统宗教中上帝一开始创造的世界。我们也可以这样来表述：我们把机器奉为神明，并通过操纵机器把自己与上帝等同起来。选择何种表述方式并不重要；重要的是，人在完全**无能为力**的现实状态中**想象**自己凭借科技而变得**无所不能**。

控制论宗教在这方面理应对应更有希望的发展时期。但当我们日益陷入一种孤立的状态之中，缺乏对世界的情感反应，同时日益感到灾难性的结局无法避免，这种新宗教的危害也就愈发严重。我们不再是技术的主人，反而成了技术的奴隶。技术曾经是创造力的关键因素，现在却显露出另一副嘴脸，成为了印度教卡利女神（Kali）一般的毁灭之神，人们为了她甘愿牺牲自己和后代。虽然人们在意识里对一个更加美好的未来仍抱有希望，但控制论崇拜使人类忽视了一个事实——他们已经成为毁灭女神的膜拜者。

许多事实都可以证明这一论点，但有两点最为重要：(1) 那些大国（甚至是一些较小的国家）仍然不断制造毁灭力越来越强的核武器，并且无法就唯一合理的解决方案达成一致——销毁所有核武器以及为制造核武器提供材料的核电站；(2) 为了解除生态危机，人们实际上什么都没有做。简而言之，人们没有做任何实质性的工作以确保人类能够存活下去。

人道主义的抗议

社会性格的人性丧失、工业时代和控制论宗教的兴起，这些因素导致了抗议运动和新人道主义的出现。这种新人道主义来源于中世纪晚期至启蒙运动时期的基督教和哲学人道主义。抗议的表达方式既包括一神论的基督教阐述，也包括泛神论或者无神论的、哲学的表述。它来自截然相反的两方：一方是政治上保守的浪漫主义者，另一方是马克思主义者和其他社会主义者（以及一些无政府主义者）。无论右派还是左派都批判了工业制度及其给人造成的危害。在表述这一类问题时，德国天主教思想家弗朗茨·冯·巴德尔（Franz von Baader）以及英国保守派政治家本杰明·迪斯雷利（Benjamin Disraeli）和马克思使用的表达方式是一样的。

关于如何解救人类以使其免于物化的危险，这两大派别持不同意见。右翼的浪漫主义者认为，唯一的出路在于遏制脱缰的工业“进步”，恢复到以往的社会秩序，其中当然伴随一定的修正。

左翼的抗议可以被称为**激进的人道主义**，尽管它有时采用有神论的表述、有时采用无神论的表达。社会主义者认为，经济的发展不可停滞，人们不可能回到过去的社会形态，唯一的救赎之路就是向前走，去开创一个新的社会，将人从疏离、从机器的奴役、从非人化的命运中解救出来。社会主义既继承了中世纪的宗教传统，又接受了后文艺复兴的科学思维和政治行动。它与佛教相仿，是大众性的“宗教”运动，虽然它使用的是无神论的世俗语汇，但目标也是把人从自私和贪婪中解放出来。

至少简短地解释一下我所理解的马克思思想是很有必要的，因为改良派西方社会主义已经将它歪曲为一种为每个人争取财富的物质主义。正如赫尔曼·科恩（Herman Cohen）、恩斯特·布洛赫（Ernst Bloch）和其他几位学者在过去几十年所言，社会主义是宗教救世学说的世俗化。为了证明这一论点，最好引证犹太哲学家迈穆尼德斯（Maimonides）在其《法典》中对弥赛亚时代的描述：

那些智者和先知们所向往的弥赛亚时代不是让以色

列人主宰世界或是统治异教徒，高高凌驾于其他民族之上，也不是为了吃吃喝喝、寻欢作乐。他们的愿望是，以色列人可以自由地投身于对神圣律法及其智慧的追求而不受压迫和打扰，从而在即将到来的世界里过上有意义的生活。

那个时代将没有饥饿与战争，也没有妒忌和争夺。大地上物产丰富，舒适的设施唾手可得。人人都只关心一件事，那就是认识上帝。这样，以色列人将会成为极有智慧的人，去认识那些隐而不见的事物，以人类的最大能力去理解造物主。正如《以赛亚书》所说的那样："因为认识耶和华的知识要充满遍地，好像水充满洋海一般。（*Isaiah*，11：9)"

这样的描述告诉我们，历史的目的是使人类能够全然投身于追求智慧以及认识上帝，而不是追求权力和奢侈的生活。在弥赛亚时代，世界充满和平、没有嫉妒、物质富足。这一描述与马克思对人生目的的理解十分相似，他在《资本论》第三卷的结尾写道：

为满足生活需要和外部实用需求而进行的强制劳动结束之后，自由王国才有可能到来。从本质上说，它超脱于严格意义上的物质生产。就像野蛮人必须与大自然搏

> 斗才能满足自己的需要、维持自己的生命并繁衍后代，文明人也需要这样做，只不过他们组成各种形式的社会，并且发展各种可能的生产模式。随着人类文明的发展，人的需要增多，人的自然需求领域不断扩大，但同时由于生产能力的提高，这些需要可以得到满足。要想在这一领域获得自由，那么社会化的人——也就是联合起来的生产者——必须合理地调节他们和自然之间的物质交换，将这种交换置于共同控制之下，而不是由一些盲目的权力来进行统治；同时，在完成任务时尽可能减少能源消耗，并使工作条件符合人的天性、**配得上人的本性**。但这仍然停留在必然王国。在这之上，**人的力量以自身为发展目的**，真正的自由王国就开始了，但它只有以必然王国为基础才能兴盛起来。一个基本前提就是缩短工作日。

不同于基督教和其他犹太教的救世学说，马克思与迈穆尼德斯一样，并没有提出一个末世论的最终拯救方案。人与自然界的矛盾依然存在，尽管人类尽可能地控制住了必然王国，“但这仍然停留在必然王国”。人类的目的是“**人的力量以自身为发展目的，真正的自由王国**”。迈穆尼德斯认为“所有人都只关心一件事，那就是认识上帝”，与马克思的“人的力量以自身为发展目的”有异曲同工之妙。

占有和存在这两种不同的生存方式是马克思新人类思想

的核心。通过探讨这两种生存模式，马克思从经济范畴转向心理学和人类学范畴，正如我们在对《旧约》《新约》和埃克哈特的讨论中看到的那样，这两个范畴在根本上是“宗教的”。马克思写道：“私有制使我们变得如此愚蠢和片面，以至于我们要把一个物体视为自己的就必须拥有它，使它作为我们的资本存在，或者直接食用、饮用、穿戴抑或居住于它，等等。简言之，就是以某种方式利用它。[……]于是，一切肉体和精神的感觉都被异化了，都被占有的感觉所取代。人必须返璞归真，让自己处于绝对匮乏的状态，才能催生出内在的丰盈。”[关于“占有”这一范畴，见《二十一印张》(*Einundzwanzig Bogen*)文集中赫斯(Hess)的论文。][①]

马克思用一句话概括了存在和占有这两个概念：“你的存在越微弱，你的生命表达越稀少，你就占有得越多，你的生命也就异化得越厉害。[……]经济学家从你那里拿走的所有生命和人性，他都会以货币和财富的形式补偿给你。”

马克思这里所说的“占有的感觉”，也就是埃克哈特教士所说的“恋我”，即对物和自我的渴求。马克思这里指的是**占有型生存模式**，而不是指占有财富本身，也不是指非异化的私有财产本身。目的既不是财富和奢侈，也不是贫穷，事实上，

① 这里以及下面的段落都来自马克思的《1844 年经济学哲学手稿》，其英文翻译可以在我的《马克思论人》(*Marx's Concept of Man*，1961)一书中找到。

它们在马克思眼中都是罪恶。绝对的匮乏是催生出内在丰盈的条件。

究竟如何催生出内在的丰盈呢？那就要求我们的官能对外界事物做出积极且非异化的表达。马克思继续写道："人同世界的一切关系——视觉、听觉、嗅觉、味觉、触觉、思维、观察、感受、渴望、行为、爱——简言之，个体的所有器官[……]都通过与客观事物的联系发挥着作用；对客观物体进行挪用，对人的实在进行挪用。"这种挪用是**存在**模式下的，而不是占有模式下的。马克思在谈到这种非异化的活动形式时说：

> 让我们假定**人**就是**人**，人同世界的关系是一种人的关系，那么爱就只能换取爱，信任只能换取信任，等等。如果你想得到艺术的享受，那你就必须是一个有艺术修养的人。如果你想感化别人，那你就必须真正能够鼓舞和激励他人。你同人和自然的每一种关系都必须是**具体的表达**，对应的是你意愿的客体、是你**真实的个人生活**的客体。如果你去爱，却无法唤起爱的回应，也就是说，你把自己**展现**为一个充满爱的人，却没有能力让自己成为**被爱的人**，那么你的爱就是无力的，就是不幸。

但马克思的思想很快就被歪曲了，这也许是因为他早活了一百年，而未能见到后来的情况。马克思和恩格斯都坚信，资本主义已经发展到了穷途末路，因此革命即将来临。但就像恩格斯在马克思死后所说，他们全错了。他们在资本主义发展的巅峰时期提出了崭新的理论，从而未能预见到距离资本主义的衰败和最终危机还需要一百多年。在资本主义高峰时期提出的反资本主义思想被弄得面目全非，这是历史的必然，因为它只有浸透了资本主义的精神才能大获成功。事实发展正是如此。

西方的社会民主党人及其死敌把社会主义变成了纯粹的经济概念，其目标是最大限度地消费以及使用机器。赫鲁晓夫的“土豆炖牛肉式共产主义”概念以一种简单朴素的方式道出了真相——社会主义的目标是让全体人口都享受到在资本主义社会里只有少数人才能享受的消费乐趣。社会主义和共产主义被置于中产阶级的物质主义基础之上。马克思的早期著作遭到贬低，被认为整体上存在着“年轻”人的“理想主义”错误，但其中的一些语汇却被视为圭臬，引用它们就像在西方国家援引《福音书》一样。

马克思生活在资本主义发展的高峰时期，这还造成了另一个后果，即作为一个生长在那个时代中的人，他难免也接受了中产阶级思想和实践中的某些态度和概念。比如他的性格和著作中的某些权威主义倾向，与其说是受社会主义思想的影响，不如说是受中产阶级父权思想的影响。他提出“科学的社会主义”，反对“空想社会主义”，也是遵循了古典经济学家们的思维模式。古典经济学家们宣称,经济发展有其自身规律,不受制于人的意志。马克思也想证明,社会主义必然按照经济规律发展。结果他的某些表述往往被误解为一种决定论的东西,因为这些表述没有足够重视人的意志和想象力在历史进程中的作用。马克思无意中对资本主义精神所做的这些妥协,加速了人们对马克思理论体系的曲解,以至于这一理论体系与资本主义的根本区别变得模糊不清。

如果马克思在资本主义开始加速走向没落的今天提出他的思想,那么他思想的**真正**要旨可能会有更大的影响,甚至可能会取得胜利(假如我们能做这种历史假设的话)。然而现实是,就连“社会主义”和“共产主义”这些词都变得暗淡无光。不管怎样,每一个声称能够代表马克思思想的社会主义和共产主义政党都必须坚信一点,社会主义与一个官僚主义、以物质为中心、以消费为导向的社会系统是不相容的,与物质主义和头脑至上也是不相容的。

某些社会主义的腐败变质解释了为何真正的激进人道主义思想往往来自那些不认同甚至反对马克思思想的群体和个人,而且这些人有的还曾经是共产主义运动的积极成员。

这里不可能一一列举后马克思时代的所有激进人道主义者,但下面我将对他们的思想举例说明。尽管这些激进人道主义者的思想观点大不相同,有时甚至互相矛盾,但他们都持有以下观点和态度:

- 生产应该服务于人的真正需要，而不是经济体系的需求；
- 必须建立人与自然之间新的关系，一种合作而非剥削利用的关系；
- 用团结来取代相互间的对抗；
- 一切社会组织的目标是人的幸福，以及避免人的痛苦；
- 应该追求有助于幸福的合理消费，而不是最大限度的消费；
- 鼓励个人积极参与社会生活，避免消极被动。①

阿尔贝特·施韦泽的思想有着激进的前提，那就是西方文化的危机即将来临。他说："显而易见，我们的文化正处于自我毁灭的过程当中。我们仅存的文化也不再牢靠，之所以尚能维持，是因为还没有暴露在毁灭性的压力之下，而我们文化的很大一部分已经向这种压力屈服了。我们的文化危如累卵，再有一次崩塌就会毁灭殆尽。[……]现代人的文化能力低下，因为他所处的环境限制了他，损害了他的心灵。"②

施韦泽认为工业时代的人"不自由……精神涣散……不完

---

① 关于社会主义人道主义者的观点请参阅弗洛姆主编的《社会主义的人道主义》(*Socialist Humanism*)。

② 这里以及下面的段落均来自施韦泽的 *Die Schuld der Philosophie an dem Niedergang der Kultur*，撰写于 1900 年至 1917 年，于 1923 年首次出版。

整……有丧失人性的危险”，他继续写道：

> 社会形成自己的一套组织，给人施加一种至今未知的力量，使得人对社会极度依赖，几乎丧失了精神上的独立性[……]。就这样，我们进入了一个新的中世纪。在普遍意志的作用下，思想自由已不复存在，因为很多人放弃了作为自由的个体去思考，一切以所属的集体为指导原则。[……]我们出卖了思考的独立性，也就必然丧失了对真理的信念。我们的理智和情感生活混乱不堪。**公共事务的过度组织化发展到顶点时，就是组织的无思想化。**

在他看来，工业社会不仅缺少自由，还存在“努力过度”的问题。“两三个世纪以来，很多个体仅仅是作为**劳动者**而活着，而不是作为**人**。”人的本体枯萎了，让这样的父母去教育子女，下一代人的人格发展就缺少关键的因素。“成年后，一个人不得不超负荷地工作，他日益需要外在的消遣。[……]**绝对的消极被动、转移对自身的注意以及忘掉自己，这些都成为他的身体需要**。”因此，施韦泽呼吁缩短劳动时间，反对过度消费和奢侈的生活。

施韦泽作为新教神学家，跟多明我会的修士埃克哈特一样，强调人在精神上不应退缩到自我中心的小圈子里，从而脱离世事；而应该过一种积极的生活，努力使这个社会的精神生活更加完善。“如果在现代人中间仅有为数不多的一些人维持着完整的人的、伦理的情感，那是因为人们不断在祖国的祭坛上牺牲自己的个人道德，**而不是与集体进行积极互动，为集体日臻完善贡献力量。**”

他总结道，当前的文化和社会结构正导致一场灾难，随之而来的将是新的复兴，一种“比文艺复兴更为伟大的复兴”，我们必须以新的信念和态度改造自己，否则我们将走向灭亡。“这一复兴的关键是积极性原则，我们通过理性思考把握这一原则，它是人类在创造历史过程中唯一合理和实用的原则。[……]我坚信，**如果我们决心成为积极思考的人，变革就会发生**。”

可能因为施韦泽是位神学家，他为人熟知大多是因为他在哲学上把“崇敬生命”当作伦理的基础，因此人们往往忽视了他是对工业社会持最激烈批判态度的人之一，他揭露了工业社会当中进步和普遍幸福的假象。他意识到工业化的生活和实践导致人类社会和世界的衰落。早在二十世纪初他就看到了人的软弱和依赖性、强迫性工作的破坏作用以及减少工作和消费的必要性。他提出必须进行改革，以团结精神和崇敬生命的态度来组织人们的集体生活。

关于施韦泽的思想还有一点需要说明的是，与基督教形而上的乐观主义不同，他是一位形而上的怀疑论者。这也是他对佛教思想有着强烈兴趣的原因之一。按照佛教思想，生命的意义并不是由一个至高无上的力量所赋予和保证的。他得出结论说:"如果只看世界的表象,就不可能赋予世界以某种意义,从而使人和人类的目标及宗旨说得通。"唯一有意义的生活方式就是积极地投入这个世界。这里的积极不是很笼统的意思,而是特指慷慨给予和关爱他人的积极活动。这就是施韦泽在著作中所写和他的生活实践告诉我们的东西。

在佛陀、埃克哈特、马克思和施韦泽的思想中,我们可以看到明显的共通之处:他们都要求人们彻底放弃想要去占有的倾向,他们都坚持人要完全独立,他们都持形而上的怀疑主义和宗教上的无神论①,他们也都要求人们本着关爱和团结的精神积极参与社会生活。然而,这些导师往往自己没有意识到这些因素。比如,埃克哈特教士就没有意识到他的无神论思想,而马克思也没有意识到他自己的宗教热忱。对这些问题进行阐释是一件非常复杂的事,对埃克哈特和马克思来说尤其如此。本书无法对这种宣扬积极关爱他人的无神论宗教作足够多的说明,但正是这种宗教使得这些导师们开创了一种新的宗教热忱,足以适应新人类的需要。我想再写一本书来进一步分析这些导师的思想。

有些作者称不上是激进的人道主义者,因为他们没有摆脱我们这个时代的超个人、机械论的态度(如做出调查报告的两

---

① 施韦泽在写给 E. R. Jacobi 的信中说:"即使没有一个统治世界的人物,爱的宗教也能存在。"(*Divine Light*, 2, No. 1 [1967].)

位罗马俱乐部成员)，但他们也认识到，为避免一场经济灾难的到来，从根本上改变人的心态是唯一选择。梅萨罗维奇和佩斯特尔要求人们树立一种“新的世界意识……有关物质资源使用的新伦理……对待自然界的新态度，即与自然界和谐相处而非征服自然……以及对子孙后代的情感认同……在地球人类史上头一遭，人被要求不要去做他所能做到的一切；要限制经济和技术的发展，或至少改变现今这种发展方向；地球上的子孙后代要求人们与不幸的人分享财富，这样做不是出于慈善精神，而是必须使然；人类还被要求关注整个世界体系的有机成长。但凡一个人有良心，他能够说不吗”？两位作者的结论是：如果不做出这些根本上的改变，“人类注定灭亡”。

他们的研究存在一些不足，在我看来最重要的一点就是，他们忽视了阻碍变革的政治、社会和心理因素。仅仅一般性地指出必要的改革趋势是没用的，还应该认真考虑这些建议的实际阻碍。(希望罗马俱乐部能认真研究社会和政治变革问题，因为它们是实现总体目标的前提。)但不管怎么说，这些作者首次提出了全球视角下的经济需求和资源问题，而且就像我在前言部分写的那样，他们首次提出要改变人的伦理观念，不是依据伦理道德信念，而是通过合理的经济分析得出的结论。

过去几年，在美国和德国出版了大量书籍，都提出了同样的要求——使经济服从人的需要：这首先是纯粹的生存需要，而后是为了人的幸福。(我读了大约三十五种这类书籍，但书店里这类书的数目至少是这个数字的两倍。)绝大多数作者都认为：物质消费的不断提升并不一定意味着幸福的增长；必要的社会变革离不开人们性格和精神的转变；如果我们继续浪费自然资源、破坏人类赖以生存的生态环境，那用不了一百年，灾难就会到来。下面，我简要地介绍几位人道主义经济学的杰出代表人物。

经济学家舒马赫在其《小的是美好的》(*Small Is Beautiful*)一书中指出，我们的失败是我们的成功造成的，我们的技术必须服从于人的真正需求。他写道："把经济当作生活的内容是致命的疾病，因为无限的增长不适用于有限的世界。经济不应成为生活的内容，人类所有的伟大导师都是这样说的，而且也被今天的现实证明了。如果想进一步描述这种致命的疾病，那么可以说，这种疾病就像酗酒和吸毒那样，是成瘾的。不管这种瘾是通过利己主义还是利他主义表现出来，也不管这种瘾是通过低级的物质享受来满足还是通过较高级的艺术、文化和科学上的追求来满足，这都不是问题的关键。无论是否包裹上了银纸，毒品就是毒品。[……]如果忽视了精神文化，即人类内心生活的文化，那么自私自利就会成为主导人的力量；而像资本主义这样自私自利的体系，就会比一个充满爱的社会体系更适合这种趋向。"

为了将他的原则变为现实，舒马赫提出了适用于非工业化国家的小机器的构想。特别要指出的是，他的读者一年比一年多,并不是靠图书广告,而是靠读者的口口相传。

保罗·埃利希(Paul Ehrlich)和安妮·埃利希(Anne Ehrlich)是两位美国作家,他们的思想与舒马赫很相似。在著作《人口、资源、环境——人类生态问题》(*Population, Resources, Environment: Issues in Human Ecology*)中,他们针对"当前的世界形势"得出了以下结论:

1. 根据当前的技术水平和人的行为模式,我们这个星球如今已经人口过剩了。

2. 解决人类问题的障碍在于庞大的绝对人口数和过快的人口增长率。

3. 人类利用传统方式生产食物的能力已经接近极限。食品的供给和分配问题已经导致全世界约半数人口吃不饱或营养不良,每年约一至两千万人死于饥饿。

4. 人们试图进一步提高粮食产量,这将加速环境恶化,并会反过来降低土地出产粮食的能力。对环境的毁坏是否已经到了无法逆转的程度,现在尚不清楚,很有可能我们这个星球维持人类生存的能力受到了永久的损害。造成环境恶化的主要原因是科技上的"光辉成就",如汽车、杀虫剂和无机氮肥的发明和使用。

5. 有理由相信,人口的增长会增加致命的瘟疫在全球蔓延以及热核战争爆发的几率。两者都能以提高死亡率的方式来"解决"人口问题,这是人们不希望看到的。两者都有摧毁人类文明甚至灭绝人类的潜在可能。

6.对于人口、食物和环境的综合危机，没有技术上的灵丹妙药能够解决这些复杂的问题。但在诸如缓解环境污染、通信和节育等领域，适当地使用技术会给我们解决问题提供巨大的帮助。**基本的解决办法在于迅速从根本上改变人们的态度**，特别是对生育、经济增长、科技、环境和如何解决冲突问题上的态度。

E.埃普勒(E. Eppler)最近出版的《终结还是转变》(*End or Change*)一书也是该领域的重要著作。埃普勒的观点与舒马赫类似，只是没那么激进。他的观点也许会格外有意思，因为他是联邦德国巴登符腾堡州社会民主党的主席，而且是一位虔诚的新教徒。我在《健全的社会》和《希望的革命》两本书里表达的也是同样的立场。

在苏联集团的国家里，限制生产的思想始终是禁忌。然而，一些作家现在也开始发声，主张无增长的经济。在德意志民主共和国，持不同政见的马克思主义者哈里希(W. Harich)提出在世界范围内建立一种静态的经济平衡，既可以保证平等，又可以避免给生态圈造成无法修补的损害。此外，1972年苏联一些杰出的自然科学家、经济学家和地理学家举办了一次以“人与他的环境”为主题的会议，议题包括罗马俱乐部的研究成果。这些成果受到与会者的理解和重视，虽然不是百分之百认同，但他们指出了其中的巨大价值。[关于此次会议的报告，请参阅参考文献中“技术与政治”(“Technologie und Politik”)一文。]

所有这些重建社会的尝试都以人道主义为基础,而在当代对人道主义最重要的人类学和历史的表述可以在L.芒福德(L. Mumford)的《五角大楼的权力》(*The Pentagon of Power*)和他之前的所有著作中找到。

第八章　人类变革的条件和新人类的特征

假定这一前提是正确的：只有人的性格发生根本变化，即从占有型生存模式占主导转变为存在型生存模式占主导，才能使我们免于心理危机和经济危机。那么就会出现这样的问题：大规模的性格变化是否可能；如果可能，这种变化又会如何产生？

我认为，只要下述条件存在，人的性格就能发生变化：

第一，我们正在受苦，并且能意识到这一点。

第二，我们认识到了这种不幸的根源。

第三，我们认识到能有办法消除这种不幸。

第四，我们接受这样的现实——为了消除这种不幸，我们必须遵循某些生活准则，并改变我们现有的生活方式。

这四点对应了佛教里的四谛。佛教四谛是佛陀教诲的基本内容，它们讨论的是人类生存的一般状况，而非特定的个人或社会环境所引起的人的不幸。

这种改变的原则带有佛教的方法特征，它同样也是马克思人类救赎理论的基础。为了理解这一点，我们有必要认识到，正如马克思本人所说，他认为共产主义不是最终目标，而是历史发展的一个阶段，最终是要把人类从特定的社会经济和政治条件下解放出来，使人不再失去人性，不再成为物质、机器和自身欲望的奴隶。

马克思采取的第一个步骤是向当时的工人阶级——这个异化程度最深、最不幸的阶级——揭示他们的悲惨状况。马克思试图消除工人的种种幻想，这些幻想使他们不能意识到自己的悲惨境遇。马克思采取的第二个步骤是向工人阶级揭示，产生这种痛苦的根源在于资本主义的本质，以及资本主义制度所产生的人的贪婪性格和依赖性。对工人（但不仅仅是工人）受苦受难之原因的分析构成了马克思著作的要旨，也就是对资本主义经济的分析。

马克思采取的第三个步骤是证明，假如产生痛苦的条件被消除，痛苦也就随之消失。作为第四步，马克思提出了一种新的生活方式和社会体系，它能使人摆脱旧制度必然导致的痛苦。

弗洛伊德的治疗方法本质上与之类似。患者来找弗洛伊德看病，因为他们正遭受痛苦，并且自己清楚这一点。但他们往往并不知道自己痛苦的根源。精神分析学家的首要任务是帮助患者去除对自己痛苦的种种错觉，并找到他们发病的真正原因。对个人或社会疾病的性质作出诊断实际上就是作出阐释，不同的人可以作出不同的阐释。病人对自己病因的描述往往是最不可靠的诊断依据。精神分析过程本质上就是帮助病人认识到自己生病的原因。

病人一旦了解自己的病因，就会到达下一步，即认识到只要消除病因，他们的疾病就能治愈。这在弗洛伊德看来，就意味着摆脱婴幼儿时期某些事件造成的压抑。但传统的精神分析似乎都认为第四点没有必要。许多精神分析学家似乎都认为，只要深刻认识到自己所遭受的压抑，这种认识本身就能起到治疗的效果。在有些病例中情况确实如此，特别是当病人出现限制性症状时，比如歇斯底里或强迫症。但如果病人遭受的是普遍意义上的不幸，那么**除非他们依照愿望做出性格改变的同时也相应改变生活方式**，否则他们改变自己的性格就是多此一举，因为我认为这样的改变不可能长久。例如，人们可以没完没了地分析人的依赖性，但他们获得的一切认识都无济于事，如果他们依然生活在获得这些认识之前的现实状况之中。举个简单的例子：如果一个女人的病因在于她对父亲的依赖，即使她本人已深刻认识到这种依赖的深层原因，除非她改变自己的生活方式——比如说同自己的父亲分开，不接受他的恩惠，敢于承担追求独立可能带来的风险和痛苦——否则她的情况不可能发生真正的变化。认识与实践相脱离是不可能产生任何效果的。

新 人 类

新社会的功能在于鼓励新人类的出现，这种新人类的性格结构将表现出以下特征：

- 愿意放弃一切形式的占有，以达到完全的存在。
- 相信自己，坚信自己需要与他人建立联结，需要兴趣、爱以及与周围的世界融为一体，并在此基础上建立安全感、认同感和自信心，而不是将它们建立在占有欲、贪欲和控制世界的欲望之上，把自己变成财产的奴隶。
- 承认这样一个事实，即除了自己以外，没有任何人或物会赋予生命以意义，要彻底独立且不执于物，这是全身心地积极关爱他人、与他人进行分享的前提条件。
- 完全存在于当下。
- 从给予和分享中获得快乐，而不是从囤积和剥削中获得快乐。
- 热爱并尊重生命的一切形式，了解只有生命和一切促成其成长的东西才是神圣的，而非物质和权力这些死的东西。
- 尽自己的一切可能消除贪婪、仇恨和幻想。
- 去除偶像崇拜，不抱任何幻想地活着，因为人已经到了不需要幻想的阶段。
- 培养自己爱的能力以及批判思维、理性思维的能力。

- 抛弃自恋，承认人生中固有的悲剧性局限。
- 把自己和同胞们的全面发展当作生活的最高目标。
- 认识到遵守纪律和尊重现实是达到这一目标的必要条件。
- 认识到只有结构上的发展才是健康的发展，而且必须认识到作为生命之属性的结构和作为毫无生命、僵死之物之属性的“秩序”之间的区别。
- 发挥自己的想象力不是为了逃避不堪忍受的现状，而是预判现实的可能性以期改变不堪忍受的现状。
- 不欺人，也不为人所欺；可以做一个天真无邪的人，不可做一个幼稚无知的人。
- 认识自己，不仅要认识自己所了解的那个自我，而且要认识自己所不了解的那个自我——其实人们对不了解的东西都有一个朦胧的认识，只不过自己没有意识到。
- 意识到自己与一切生命体的同一性，从而放弃征服、控制、剥削、掠夺和摧残自然的目的，努力去理解自然，同自然合作。
- 自由不是随心所欲，而是成为自己的可能性；自由不是一堆贪婪的欲望，而是一个精妙的平衡结构，在任何时候都面临着成长与衰败、生存与死亡之间的抉择。

- 认识到罪恶和毁灭乃是成长停滞的必然后果。
- 认识到只有少数几个人具备所有这些品质、达到了完美的境界，但同时并不怀有“达到这一目标”的野心；认识到这种野心只不过是贪婪和占有的另一种形式而已。
- 在不断增长的活力中获得幸福，无论命运允许人走多远。因为尽可能充实地生活已经能给人带来巨大的满足感，人们几乎不会去关心自己能不能获得成就。

人们如今生活在控制论和官僚主义控制下的工业社会——无论是“资本主义”还是“社会主义”版本，而告诉他们该如何做才能打破占有型生存方式并扩大存在的领域，这不属于本书的讨论范围。事实上，关于这个问题可以另写一本专著，不妨恰当地称之为“存在的艺术”。但近年出版了很多书籍，它们都在告诉人们通向幸福的道路，其中有的很有帮助，有的却带有欺骗性因而是有害的。新兴市场迎合了人们逃避问题的希望，而这些书利用了这一市场。针对如何获得幸福的问题，真正感兴趣的读者可以参阅一些有价值、有帮助的书，它们可以在本书的“参考文献”部分找到。

第九章 新社会的特征

一门关于人的新科学

建立新社会的第一个要求是认识到，这一努力将要面临几乎难以克服的困难。人们不愿花力气进行必要的社会变革，主要原因之一或许是对这些困难认识不清。许多人认为："为何要追求不可能呢？不如就按照我们地图的指引，让我们的航程把我们带到既安全又幸福的地方。"那些无意识里感到失望却戴着乐观主义面具的人未必是明智的；而那些没有放弃希望的人只有脚踏实地地面对现实、抛弃一切幻想并充分认识到面临的困难，才有可能获得成功。这种冷静标志着**清醒的**乌托邦理想主义者与**做梦的**空想家之间的区别。

我在这里仅仅列举一些建设新社会所必须解决的难题：

- 一个必须解决的问题是如何继续工业化生产模式，同时避免完全集中化——即避免最终走上老式法西斯主义的道路，或者更有可能的是，走上笑容可掬的“技术法西斯主义”的道路。

- 必须将整体规划与高度的去集中化结合起来,放弃“自由市场经济”这种几乎是虚构的东西。
- 必须放弃无休止的增长目标,改为选择性增长,规避经济危机的风险。
- 必须创造不以获取物质利益而以其他精神满足为有效动机的工作条件和总体精神风貌。
- 必须进一步促进科学的发展,同时又要防止其实际应用把科学发展转变为对人类的威胁。
- 必须创造各种条件使人们体验到幸福和欢乐,而不是最大限度地满足人们的享乐欲望。
- 必须给个人以基本的安全感,使他们不必依赖官僚体系的供养。
- 必须恢复人们在生活中的个人主动性,而并非仅在商业上如此(不过人们在商业上的主动性早就不复存在了)。

就像在技术发展过程中有些困难似乎难以克服,上面列举的难题现在看来也难以解决。但技术方面的困难终究还是可以解决的,因为一门新的科学建立了,它提倡观察的原则,宣称认识自然是征服自然的条件(弗兰西斯·培根,《新工具》,1620年)。十七世纪的“新科学”至今为止仍然吸引着工业社会中最优秀的头脑，从而实现了人类梦寐以求的技术乌托邦。

而在大约三百年后的今天，我们需要一种完全不同的新科学。我们需要一种人道主义的关于人的科学，它是社会改造这门应用科学和艺术的基础。

技术乌托邦——例如飞行——已被新的自然科学所实现。弥赛亚时代的**人类**乌托邦指的是生活在团结与和平之中的新人类联合起来，共同摆脱经济的制约以及战争和阶级斗争。只有当我们为实现人类乌托邦所付出的精力、智力和热情与实现技术乌托邦同样多时，人类乌托邦才能实现。就像我们不可能读了儒勒·凡尔纳的小说就会制造潜水艇，我们也不可能读了预言家们的著作就能建立一个人道主义的社会。

占统治地位的自然科学是否会让位给一门新的社会科学，没有人知道。假如这事真的发生了，我们或许还有一线生机。不过它能否实现还取决于一个因素——有多少聪颖、有学识、守纪律、关心他人的男人和女人被人类面临的这个新挑战所吸引，并深刻认识到这次的**目的不是控制自然，而是控制技术以及不合理的社会力量与制度，因为它们威胁着西方社会乃至全人类的生存。**

鉴于对当前危机的认识，我坚信我们的未来取决于那些最优秀的头脑能否动员起来，全身心地投入到这门关于人的新人道主义科学之中。因为他们若不能齐心协力，就无法解决上述问题，也就无法实现下文所要论述的目标。

有些发展蓝图以诸如“生产资料社会化”为总体目标，结果却变成了社会主义和共产主义的陈词滥调，主要用来掩盖缺乏社会主义实质内容的事实。“无产阶级专政”或“知识精英”同“自由市场经济”或“自由”国家概念一样模糊不清，容易引起误解。从马克思到列宁，早期的社会主义者和共产主义者并没有为社会主义或共产主义社会制定一个具体的发展计划，这是社会主义的巨大弱点。

新的社会形态将成为存在型生存模式的基础，如果没有大量的设计、模型、研究和实验**在必要性与可能性之间架设桥梁**，新的社会形态将无法形成。这些努力将最终形成长期的总体规划和短期的初步发展提议。问题的关键在于从事这些工作的人的意志和人道主义精神。当人们能够看到光明的前景，同时认识到通过具体的步骤就能够一步一步地实现目标，他们就会深受鼓舞、充满热情，而不会畏缩不前。

倘若社会的经济和政治领域要服从于人的发展，那么**决定新社会模型的必须是没有异化、以存在为导向的个人所提出的要求**。这意味着人既不能生活在非人道的赤贫中——这依然是大多数人所面临的主要问题，也不能像工业国家的富人那样被资本主义生产的内在法则强迫成为“消费人”（这些法则要求不断扩大生产，因而迫使人们不停地增加消费）。人类若想最终获得自由，不再通过病态的消费来维持工业的发展，就必须对经济体系进行彻底的改革：**我们必须结束现状，因为现在保**

持经济健康发展必须以人的健康为代价。我们的任务是为健康的人建造健康的经济。

要实现这个目标，第一个关键步骤就是使生产为“理性消费”服务。

传统表述“生产的目的是**使用**而非**利润**”是不够的，因为它没有界定是哪一种使用，是健康的还是病态的。这就产生了一个非常棘手的实际问题——由谁来决定哪些需求是健康的，哪些是致病的呢？有一点我们可以肯定：由国家来决定公民该如何消费，哪怕决定是正确的，也绝对是不应该的。官僚机构可以有力地管控和限制消费，但这只会使人们对消费更加饥渴。只有当越来越多的人**希望**改变他们的消费模式和生活方式时，理性消费才会出现。而只有当社会为人们提供一种比他们已习惯的消费模式更加吸引人的消费模式时，人们才会希望作出改变。这一切不可能在一夜之间发生，也不可能通过法令来实现，它需要一个长期的教育过程，政府必须在这方面发挥重要作用。

国家的职能是为健康的消费确立规范，以杜绝病态、随意的消费。这些规范原则上是可以确立起来的，美国食品和药物管理局便是一个很好的例子。它根据各个领域科学家的专业意见，通常经过长期的实验来决定哪些食品和药物是有害的。其他商品和服务的价值也可用同样的方式，由心理学家、人类学家、社会学家、哲学家、神学家以及各种社会和消费者团体代表组成的专家咨询组来决定。

但是，考察什么对生命有益、什么对生命有害，则需要进行深入的研究。与食品和药物管理局为解决问题所进行的研究相比，这样的研究工作要艰巨得多。针对需求的本质所做的基础研究，过去很少有人触及，现在必须由关于人的新科学来完成。我们需要确定哪些需求源于我们的有机体；哪些需求是文化发展的产物；哪些是个人成长的表达；哪些是人为的，是由工业社会强加给个人的；哪些需求"使人积极"，哪些需求"使人消极"；哪些需求有病态的根源，而哪些则根源于健康的心灵。

与如今的食品和药物管理局不同，新人道主义专家团体做出的决定不会强制执行，只会作为指导方针提交给国民进行讨论。我们已经清楚地意识到了食品健康问题，专家们的调查结果将帮助全社会更好地认识其他所有理智和病态的需求。人们将会明白几乎所有的消费都使人消极，对速度和新鲜感的需求只能通过消费主义得到满足，它反映了人的浮躁以及同自我的疏离。人们将会意识到，不停地寻找新鲜事或最新潮的玩意儿只不过是人的一种自我保护，为的是避免同他自己或别人靠得太近。

政府可以通过补贴来促进真正有益的商品生产和服务，让它们有利可图，如此就能大大推进这一教育过程。与此同时，要开展大规模的教育宣传，提倡理性消费。可以预料的是，**只要各方面共同努力，激发人们理性消费的愿望，消费模式是很**

可能被改变的。即使我们避免使用工业社会目前采用的洗脑式广告方法——这一点很关键——我们也有理由相信，这种努力将会有不亚于工业宣传的效果。

选择性消费（以及生产）计划的指导原则是“什么能促进幸福?”通常它遭到反对的理由是，在自由市场经济中消费者购买的正是他们想要的东西，因此没有必要进行“选择性”生产。这一论断的假设前提是消费者想要的是对他们有益的东西，这当然是睁着眼说瞎话（就毒品或者更能说明问题的香烟来说，没有人会以此为论据）。这一论据忽视了一个重要事实，即消费者的购买意愿是由生产商制造出来的。尽管不同品牌互相竞争，但广告的总体效果是刺激了消费欲望。所有公司都通过他们广告的基础影响而互相帮助，顾客只能在那么几个互相竞争的品牌之间做选择，他们的选择权是次级的、是值得怀疑的。有些人争辩说消费者的意愿非常强大，通常给出的例子是福特公司“爱泽尔”（Edsel）牌汽车的滞销。爱泽尔虽然营销失败，却不能改变一个事实——它的广告宣传也是**对购买汽车的宣传**，所有品牌的汽车都能从中获利，除了不幸的爱泽尔。再者，工业生产影响人的品位，因为它不会去生产那些对人更有益处却利润率低的商品。

只有当我们彻底限制大企业股东和管理层的权力，使他们不能完全依据利润和扩张情况来决定生产，理性消费才有可能成为现实。

这种改革可以通过法律来实现，并且无需改变西方的民主制度（实际上为了公众利益，我们已经制定了许多法律来限制财产权）。但问题的关键是对生产的监管权，而不是对资本的所有权。从长远看，一旦广告的诱惑力没有了，消费者的爱好将最终决定商品的生产。现有的企业将不得不改变自己的设备，以满足新的需求；若这点办不到的话，政府就必须花费必要的资金来生产人们所需的新产品和服务。

所有这些变革都只能在征得多数人同意的情况下逐步展开。它们标志着一种崭新的经济体系，它既不同于如今的资本主义，也不同于苏联中央集权的计划经济以及瑞典全民福利的官僚体系。

很显然，大企业将从一开始就利用它们巨大的权力来阻止这些变革。只有公民们一边倒地支持理性消费，才能粉碎大公司的阻挠。

公民们展现**消费者力量**的一个有效途径就是掀起一场强硬的消费者运动，以“罢购”为武器进行威胁。比如，试想一下20%的美国消费者决定不再购买私家车，因为他们认为与便捷的公共交通相比，私家车在经济上很浪费，在生态上有毒害作用，在心理上有破坏力；它就像是一种毒品，创造出虚假的权力感，助长人们的嫉妒心，使人与自己疏离。虽然只有经济学家才能确定这将给汽车工业（当然还有石油公司）造成多大的经济威胁，但可以肯定的是，一旦这样的罢购运动发生，以汽车制造业为中心的国家经济必将陷入困境。当然,没人希望美国经济陷入困境,但假如这种威胁确有可信度(比如停用小汽车一个月),那么消费者将获得一个强有力的手段来促使整个生产体系发生变化。

消费者罢购的巨大优势包括:无需政府采取行动,并且难以抗衡(除非政府采取强硬措施迫使公民购买他们不愿意购买的东西),而且不需要先征得51%的公民同意再让政府实施各项措施,因为实际上占人口20%的少数派就足以有效地促使变化发生。消费者罢购可以打破政治路线和口号的壁垒,无论是保守派还是自由派,抑或是"左翼"的人道主义者都可以参与其中,因为一个共同的动机将他们联合起来,那就是渴望进行理性的、人道的消费。要想结束罢购行动,第一步是由激进人道主义消费运动领导人同大企业(以及政府)进行谈判,提出改革要求。他们的方法基本上与为避免或结束工人罢工所用的谈判方法相同。

所有这一切的关键在于使消费者意识到:(1)他们或多或少都在无意识里反对消费主义;(2)一旦具有人道主义思想的消费者组织起来,他们将会有巨大的潜力。这样的消费者运动将体现真正的民主——个人能直接表达自己的想法,并以一种积极主动、非异化的方式改变社会发展进程。当然,这一切都是以个人体验而非政治口号为基础的。

但只要大公司的权力仍像现在这样强大,即使是有效的消费者运动也不可能取得令人满意的结果。因为尽管民主依然残存,但它注定要屈从于技术法西斯主义,屈从于一个由饱食终日、毫无思想的机器人组成的社会,这正是人们十分惧怕的社会。要想避免如此,就必须打破大企业对政府与日俱增的控制,以及通过洗脑对民众的思想控制。美国有限制巨型企业权力的传统,这表现在它的《反垄断法》中。强大的公众情绪可以将《反垄断法》的精神推广应用到那些超级大公司之中,使之分解为较小的单元。

要建立一个以存在为基础的社会,全体人民都应当作为公民积极地发挥他们的经济职能。因此,我们只有完全实现工业民主和参与式政治民主,才有可能摆脱占有型生存模式。

大多数激进人道主义者都提出了这一要求。

工业民主指的是每一个大型工业或其他组织的成员在组织生活中发挥积极作用,每一个人都充分知情并参与决策,从个人自己的工作流程、健康和安全措施这一层次开始(瑞典和美国的一些企业已经在这方面做出了成功的尝试),直至最终参与更高的、总方针层级的决策。最关键的一点在于,在各个共同决策团体中,代表工人的是雇员们自己而不是工会代表。工业民主也意味着企业不仅仅是一个经济、技术机构,同时还是一个社会机构,在其运转的过程和方式中,每个成员都是积极主动的,因而也是真正关心它的。

同样的原则也适用于**政治民主**的实行。民主能够抵制集权主义的威胁，其条件是从一种被动的“旁观者民主”转变为主动的“参与式民主”，在这种民主制度下，公共事务与每个公民息息相关，与他们的私人事务一样重要，或者更确切地说，社会的共同福祉成了每一个个人所关心的事。通过积极参与公共事务，人们会发现生活更加有趣、更振奋人心。的确，真正的政治民主可以定义为一种让生活变得**趣味盎然**的民主。就其本质而言，这种参与式民主完全不同于“人民民主”或“中央集权式民主”，它不带有任何官僚主义色彩，并会创造一种社会风气，让蛊惑人心的政客几乎毫无立足之地。

为参与式民主制定施行办法似乎比详细描述十八世纪的民主章程困难得多。缔造参与式民主需要大量有才干的人付出巨大努力，制定新的原则和实施方法。作为实现这一目标的许多可行建议之一，我想重申二十多年前我在《健全的社会》一书中提出的建议：应当成立几十万个直接面对面对话的团体（每个团体约五百个成员），使之成为常设机构，就经济、对外政策、卫生、教育以及实现大众福祉的途径等问题进行审议、作出决策。这些团体能获得一切有关的情报（关于这种情报的性质待后文详述），并展开讨论（不受任何外界影响），然后对议题进行投票表决（以我们现有的技术手段，所有表决票可在一天之内收齐）。所有这些团体将形成一个“下议院”，它的决策将同其他政治机构一起，对立法产生关键性的影响。

有人或许会问：“既然民意测验能在相当短的时间内探出

全体民众的意见，为什么还要制订这些详尽的计划呢?”这种反对意见涉及意见表达最为棘手的一面——作为民意测验之基础的“意见”究竟是什么？民意测验得出的，不过是一个人在没有获得充分的情报、没有进行批判性反思和充分讨论的情况下所拥有的所谓“观点”。此外，参加民意测验的人知道他们的“意见”无足轻重，因而不会起什么作用。这些意见仅仅构成人们在某一特定时刻的有意识的想法，它们无法告诉我们一些潜在趋势，这些趋势在外界情况发生变化时有可能导致人们形成相反的意见。与之类似，参加政治选举的选民们知道，一旦他们把票投给某位候选人，他们对事件的进程就不再拥有任何实际的影响力。在某些方面，政治选举中投票的方法甚至比民意测验更糟糕，因为选举中类似催眠术的那一套方法使选民的思维变得迟钝。选举变成了刺激的肥皂剧，候选人的希望与抱负比实际的政治问题更加引人入胜。选民甚至可以通过投票选举自己所拥护的候选人来亲自参加这场闹剧。尽管有很大一部分民众拒绝参与，但大多数人都对这种现代版本的罗马角斗场面如醉如痴，只不过上场比拼的不是角斗士而是政客们。

要形成真正的信念至少有两个要求：一是**充足的情报**，二是**知道自己的决定会产生效果**。毫无权力的旁观者给出的意见不会传达他们的信念，对他们而言这只是场游戏，类似于表达对这个或那个香烟品牌的青睐。出于这些原因，人们在民意测验和选举中所表达的意见构成了最糟而非最高水平的判断。

这一事实可以通过两个例子得到证实，人们在其中展示了最佳判断，即在这样两种情况下**人们的决策远胜于他们的政治决策水平**：其一，在私人事务中，尤其在商业上，正如约瑟夫·熊彼特（Joseph Schumpeter）已经清楚阐明的那样；其二，当他们成为陪审团成员的时候。陪审团由普通公民组成，他们往往必须在非常错综复杂和难以理解的案件中作出决定。但是，这些专门小组的成员可以掌握所有相关信息，有机会进行长时间的讨论，并且知道他们受到委托，他们的判断将决定那些接受判决的人的命运和幸福。结果就是，他们的决定总的来说体现了绝佳的洞察力和客观性。相反，既没有权力又无法获得各种情报，并且处于半催眠状态中的人，不可能真正表达自己的信念。看似以民主的方式表达的意见，在缺乏情报、审议和让自己的决定行之有效的权力的情况下，只不过相当于体育赛事中的喝彩声罢了。

想要积极参与政治生活，就需要在整个工业和政治领域最大限度地非集权化。

由于现存资本主义的内在逻辑，企业和政府日渐庞大并最终变成庞然大物，需要通过自上而下的官僚主义机器集中管理。人道主义社会的一个前提就是阻止中央集权制的发展，广泛实行非集权化。这其中有几个原因。如果一个社会变成芒福德所说的“庞大机器”，即整个社会（包括它的人民）成为一架庞大的、由中心统一控制的机器，那么从长远看，法西斯主义几乎是不可避免的。这是因为:(1) 人民变成了听话的小绵羊,他们失去了批判思维的能力,感到毫无权力、消极被动、茫然无知,寄希望于一位"知道"要做什么的领袖;(2) 任何一个能接近这台"庞大机器"的人,只要揿下适当的按钮就能启动它。这台庞大机器就像一辆小汽车,本质上能够自行运转——也就是说,位于汽车方向盘后的那个人只需揿下适当的按钮,把握好方向盘和刹车,并注意其他一些同样简单的细节就行了。在汽车或别的机器中有许多轮盘,在这台庞大机器中有许多不同层级的官僚管理机构;甚至一个智力和能力都很平庸的人,只要登上权力宝座,就能轻易地操纵这台国家机器。

政府职能不应下放给各州,因为这些州本身就是庞然大物。应该下放给相对较小的行政区,那里的人们仍然能够互相了解,能对彼此做出判断,因而能积极参与本地区的公共事务管理。要在工业领域去除中央集权,就必须把更多的权力下放给企业中的较小部门,并将庞大的公司分解成小的实体。

要积极主动、认真负责地参与民主生活,还必须用人道主义的管理模式取代官僚主义的管理方法。

绝大多数人仍然相信,每一种大规模的管理形式都必然是"官僚主义的",即异化的管理形式。但大部分人没有意识到官僚主义风气把人变得多么麻木不仁,不知道这种风气如何渗透到生活的各个领域,甚至是最难察觉的地方(比如医生和病人、丈夫和妻子的关系中)。官僚主义的管理方法可以这样来定义:(1)把人当作物来管理;(2)进行数量上而不是质量上的管理,以便使量化和控制变得更简单廉价。官僚主义的管理方法由统计数据支配,官僚们作决策的基础是那些由统计数字得出的死规则,而非**与活生生的人面对面作出回应**;他们决定事务依据的是统计数据显示最有可能发生的状况,而不惜伤害并不适合这种状况的5%至10%的人。官僚们害怕承担个人责任,总是拿规章制度作挡箭牌。他们的安全感与荣誉感来自于对规章制度的忠诚,而非对人心法则的忠诚。

艾希曼(Eichmann)便是这种官僚主义者的极端例子。艾希曼将成千上万的犹太人送向死亡并不是因为恨他们,他既不爱任何人也不恨任何人,他只是在“履行他的职责”。他将这些犹太人处死,只不过是忠于职守;当他负责将犹太人赶出德国的时候,他同样是在尽忠职守。对他而言,最重要的是遵守规则,只有当他违背这些规则的时候才会产生犯罪感。艾希曼曾说(他这样说恰恰不利于为自己辩白),他只在两件事情上有过犯罪感:一次是孩提时逃学,另一次是在空袭中没有去找防空洞掩护因而违背了命令。这并不是说艾希曼和其他许多官僚没有虐待狂倾向,即通过控制其他活物来获得满足感,而是说这种虐待狂式的性格是次要的,官僚主义者身上的首要特质是缺乏与人的共情以及坚持对规则的膜拜。

我并不是说所有的官僚主义者都是艾希曼式的人物。首先，许多在官僚体系中供职的人在性格上并不是官僚主义者。其次，在很多情况下，一个人并没有完全被官僚主义的态度侵蚀，其人性的一面也没有被扼杀。但在官僚主义者中间有不少艾希曼式的人物，他们同艾希曼的唯一区别仅在于他们不用杀死成千上万的人。但如果医院中的官僚拒绝收治一位生命垂危的病人，因为根据规定病人必须由医师送来，那么这位官僚的所作所为无异于艾希曼。如果社会福利工作者宁愿让一位需要帮助的人饿死也不肯违背某条官僚制度的规定，那么他们同样与艾希曼没什么两样。这种官僚主义的态度不仅仅存在于管理人员当中，它还存在于医生、护士、中小学教师、大学教授当中，也存在于许多丈夫对妻子、父母对子女的关系中。

一旦一个活生生的人被贬低成一个代号，真正的官僚主义者就会干出极其残忍的事来。这并不是因为他们被残酷的本性驱使才干出这样的暴行，而是因为他们感受不到同平民之间人的情感联结。尽管这些官僚主义者不似虐待狂那般邪恶，但他们具有更大的危险性，因为在他们身上甚至没有良心与职责之间的冲突：他们的良心就是履行他们的职责，在他们的眼中不存在共情与同情的对象——人。

在老的企业或福利部门、医院以及监狱之类的大型组织当中，仍然能够看到板着面孔的旧式官僚。在这些机构中，一名官僚就能对穷人或者其他无权无势的人行使极大的权力。在现代工业中，官僚主义者通常都很友好，很可能一点虐待狂的倾向都没有，即使他们或许也从发号施令中获得一些快乐。但在这些人身上，我们再次发现官僚主义式的对物的忠诚——在这里是对**体制**的忠诚。他们对**它**深信不疑。企业便是他们的家园，而企业的规章制度是神圣的，因为它们是“合理的”。

但无论是新派官僚还是老派官僚，都不能与参与式民主制度共存，因为官僚主义那一套与个人积极参与的精神无法相容。新型的社会科学家必须制定计划，为非官僚主义的大规模管理设计新形式，这种管理以对人和具体情况的回应(response)为导向(“责任”的英文单词 responsibility 中就包含 response 这一词根)，而不仅仅是照搬规章制度。只要我们重视管理人员身上潜在的自发性和责任心，不迷信节约与高效，非官僚主义式的管理就有可能实现。

成功建立一个存在型社会还必须采取许多其他措施。下面我提出一些建议，不过我并不以原创者自居。恰恰相反，正因为几乎所有这些建议都曾被一些人道主义作家以某种方式提出过，我便更有勇气将它们提出来。[①]

- **必须禁止在工业和政治广告中对民众进行洗脑**。

对民众进行洗脑是危险的，不仅因为它迫使我们购买我们既不需要也并不真正想买的东西，还因为它会导致我们选出自己既不需要也并不真正想选的政治代表——假如我们能自主

① 为了避免本书内容过于冗长繁杂，我没有引用包含相似观点的大量文献，很多这类文献的标题可以在本书的“参考文献”部分找到。

思考的话，是不会选择这些人的；但我们无法自主思考，因为催眠般的宣传方法将我们麻痹。为了对抗这种与日俱增的危险，**我们必须禁止使用催眠式的宣传方法，无论是商品宣传还是为政客拉票。**

在商业广告和政治宣传中使用催眠的方法，会对人的心理健康，特别是对条理清晰的批判思维和情感上的独立造成危害。我毫不怀疑，深入的研究将表明，毒瘾造成的危害与洗脑造成的危害相比不过是小巫见大巫。从隐性暗示到半催眠的手段，这些洗脑的方法通过不断重复或者撩拨性欲来扰乱人的理性思考（"我是琳达，带我飞吧！"）。广告——尤其是电视广告——用纯粹暗示性的方法对人们狂轰滥炸，弄得人头昏脑涨。这种对个人理性和现实感的袭击无处不在、无时不在——看电视时，在公路上开车时，或是在候选人的政治宣传里，诸如此类。这些暗示方法的一个显著效果是营造了一种似醒非醒、将信将疑、失去现实感的氛围。

停止蛊惑和毒害大众会使消费者产生类似于吸毒者戒毒时的脱瘾症状。

- **必须消除贫富国之间的差距。**

贫富差距的持续扩大毫无疑问将导致巨大的灾难。贫国已经不再把工业世界的经济剥削当作天赐。尽管苏联仍在以同样的方式剥削它的卫星国，但它利用和加强了殖民地人民的反抗，把这种反抗当作对付西方的政治武器。石油价格的上涨是一个开端，标志着殖民地人民要求结束迫使他们低价出售原材料、高价买进工业产品的经济体系。同样，越南战争也标志着西方国家对殖民地人民的政治和军事统治开始瓦解。

假如我们不采取任何实质性措施缩小贫富差距，情况将会怎样呢？要么流行病大爆发，蔓延至白人社会的安全堡垒；要么饥荒使贫穷国家的人民陷于绝望，致使他们采取破坏性的行动，甚至动用小型核武器或生物武器在白人的堡垒中制造混乱，其间或许还会在工业国家中获得同情者的支持。

只有控制住了产生饥饿、饥荒和疾病的条件，才能避免灾难的发生。要做到这一点，工业国家的帮助必不可少。帮助的方式必须不被富国的经济和政治利益左右，这也就意味着必须摆脱把资本主义的经济和政治原则传播到亚洲和非洲去的想法。很显然，什么样的经济援助方式最有效（尤其在服务领域），是应该由经济专家们决定的问题。

但只有真正合格的专家才能从事这项事业，这样的人不仅要有聪明的头脑，还要有仁慈的心灵来激励他们寻求最佳的解决方法。要想召集到这些专家并听从他们的建议，就必须弱化占有的倾向，发扬团结、关心（而非同情）他人的意识。关心他人指的不仅仅是关心地球上的同胞，还包括关心我们的子孙后代。事实上，没有什么比掠夺地球上的原材料、给地球造成污染以及准备发动核战争更能说明我们的自私自利了。我们毫不迟疑地将这个被掠夺殆尽的地球作为遗产留给我们的子孙后代。

没人知道这种内在世界的改革能否实现。但有一点世人必须明白：如果没有这样的变革，穷国和富国之间的冲突将一发不可收拾。

● **引入有保障的年收入能使当今资本主义和共产主义社会中的许多罪恶消失**。[①]

这一思想的核心是，所有人，无论是否工作，都应无条件地有东西吃、有地方住。他们将得到维持其基本生存的必需品，不多也不少。今天，这一权利表达了一个新概念——每一个人，**无论是否尽到"社会责任"，都无条件地拥有生存的权利**。这也是一条古老的准则，基督教是如此要求的，许多"原始"部落也是如此执行的。我们把这样的权利给与我们的宠物，却吝于给与我们的同胞。

这一法则将大大拓宽个人自由的领域。任何一个在经济上依赖他人(如父母、丈夫、老板)的人，都不会因害怕挨饿而受到勒索；那些有天分的人如果想要一种不同的生活，只要愿意在一段时期之内作出牺牲，去过相对贫穷的生活，也可以如愿以偿。现代福利国家几乎接受了这个原则——说"几乎"，实际上是指"并非这样"。官僚机构仍然在"管理"、控制、羞辱人民。然而，有保障的收入能让任何人无需提供"证明"，就可以得到

① 1955 年我在《健全的社会》一书中提出过这条建议。同样的建议在六十年代中期的一次研讨会上也提出过(由 A. Theobald 编辑，具体信息见本书"参考文献")。

一间简单的房子和起码的食物，因而就没有必要成立官僚机构来管理本质上浪费又违背人的尊严的福利计划。

有保障的年收入将确保真正的自由和独立。因此，它不可能为任何一种以剥削和控制为基础的制度所采纳，尤其是各种形式的独裁制度。免费的医疗服务则是个例外，但也仅仅表面上如此，因为在这里，所谓的免费服务有一个明确的前提条件——一个人只有生病了才能享受到。

鉴于如今维持一个庞大的福利机构所需的成本以及医治或处理身体疾病——特别是心理压力导致的疾病、犯罪和毒瘾的成本（所有这些在很大程度上都是反抗压制和无聊的不同形式），如果为每一个有意愿的人提供有保障的年收入，其成本很有可能比我们现有的社会福利体系还要少。对于那些认为“人基本上生来就很懒惰”的人来说，这个观点是不可行以及危险的。然而，这样的陈词滥调并无事实基础，只不过是一种口号，用以辩解为何不能对那些无助的人放松控制。

- **妇女必须挣脱父权制的控制。**

妇女挣脱父权统治是社会变得人性化的一个根本要素。大约六千年前，女人由男人统治的现象开始在世界上一些地方出现，那时农业生产的过剩使得雇佣和剥削工人、组织军队以及建立强大的城邦成为可能。① 从那以后，“联合起来的男性”

① 我在《人类的破坏性剖析》一书中已经对早期“母系社会”以及与之有关的文献进行了评述。

征服了女性。这些男人不仅征服了中东和欧洲社会，还征服了世界上绝大多数文化。男性对女性的征服是建立在男人的经济权力和他们缔造的军队基础上的。

两性间的斗争跟阶级斗争一样古老，但形式更为复杂，因为男人不仅需要女人像牲口一样劳作，还需要她们充当母亲、情人以及从她们那儿获得慰藉。性别战争的形式有时是公开、野蛮的，而更多时候是隐蔽的。女人屈服于强力，但她们用自己的武器进行还击，最主要的一种方式就是对男人的嘲弄。

人类的一半受另一半压迫，这已经给两性带来了巨大危害并且仍在持续——男人摆出胜利者的姿态，女人则成了受害者。即使在今天，即使对于那些有意识地反对男人至上的人，男女之间的关系也逃脱不了这样的诅咒——男人有优越感，而女人有自卑感。（弗洛伊德坚信男人的优越性。他荒唐地认为，女人之所以感到软弱无力，正如她们遗憾地声称的那样，是由于她们缺少阴茎；而男人缺乏安全感，据他们所说，是因为普遍“担心被阉割”。我们这里所谈的是两性冲突的症状表现，而不是两性在生物学和解剖学上的区别。）

许多证据表明，男人对女人的控制与一部分人对其他软弱无力的人的统治非常相似。我们以一百年前美国南方的黑人与当时乃至今日妇女的状况为例。当时人们把黑人和妇女比作儿童，认为他们感情脆弱、幼稚无知、缺少现实感，因而不可委以决策权；还认为他们不负责任，但很迷人。［弗洛伊德还补充道，女人不如男人有良心（超我），却比男人更自恋。]

对弱势群体行使权力是当今父权制的本质，也是对非工业化国家、对儿童和青少年进行控制的本质。日益壮大的妇女解放运动具有重大意义，因为它威胁着当代社会（资本主义社会以及共产主义社会）赖以存在的权力原则——也就是说，妇女可以通过解放运动明确地表示，她们不愿分享男人控制其他群体的权力，比如对殖民地人民的控制权。如果妇女解放运动明确其作为"反权力代表"的角色和职责，妇女将在建立新社会的斗争中产生决定性影响。

妇女解放运动已促成了基本的社会变化。也许今后的历史学家会写道，二十世纪最具革命性的事件就是妇女解放的兴起和男性霸权的衰落。然而，为妇女解放而进行的斗争才刚刚开始，来自男性的阻力不可估量。男人与女人的整个关系（包括性关系）都是建立在男人自称的优越性之上的，面对那些拒绝承认"男人更强"这种鬼话的女人，男人们已经开始感到非常不自在和不安了。

与妇女解放运动密切相关的是年轻一代的反权威转向。这种反权威主义在六十年代后期达到高潮，而后经过一系列的变化，许多曾经反对"当权者"的年轻人如今已基本上成为"安分守己"的人。但是对父母和其他权威的传统崇拜已不复存在，几乎可以肯定，以往那种对权威的"敬畏"已经一去不复返了。

摆脱权威的解放运动可与摆脱罪恶感的性解放相提并论——性不再是难以启齿的罪恶。无论人们对性解放各个方面的相对价值持多么不同的看法，有一点是可以肯定的，那就是性不再使人们感到害怕，它不再能被利用来使人产生罪恶感，因而不能再拿来迫使人屈从。

- **必须建立一个最高文化委员会，其任务是在一切需要专业知识的问题上为政府、政客和公民提出建议。**

文化委员会的成员必须是国内知识界和文艺界的精英，这些男人和女人的人品应毋庸置疑。他们将决定如何在食品和药物管理局的基础上建立一个扩大化的新机构，并挑选人员来负责信息传播。

对于谁是文化各领域的杰出代表，人们的看法基本一致，因此我相信为这样一个委员会找到合适的成员是可能的。当然，至关重要的是，该委员会也应代表那些对主流观点持反对意见的人——例如经济学、历史学和社会学中的“激进分子”和“修正主义者”。但困难并不在于**找到**这些委员会的成员，而是如何将他们**挑选**出来，因为他们既不能通过大众选举产生，也不能由政府来指派。不过别的挑选方式总是可以找到的。例如，可以先选出三至四名核心成员，再逐步扩大直至满员，比方说达到五十至一百人的规模。该文化委员会必须有充足的经费，这样它就能开展针对不同问题的专门研究。

● **必须建立一个高效传播有效信息的体系。**

信息是形成有效民主制度的基本要素。必须禁止以“国家安全”为借口隐瞒或篡改信息。但即使没有这种不正当隐瞒信息的现象，目前仍存在的问题是普通公民能获得的真实、必要的信息几乎为零。不仅对于普通公民如此，大量事实表明，大多数获选代表、政府官员、国防军首脑和商界领导也都耳目失灵，在很大程度上受到由各政府机构传播并由新闻媒介重复的虚假信息误导。不幸的是，上述大多数人至多也只具备操作和执行的智商，他们几乎没有能力去理解表象之下起实际作用的各种力量，也就不能对未来的发展作出正确的判断，更别提这些人的自私自利与欺诈，关于这些我们已经听得太多了。但仅仅依靠诚实、智慧的官员也不足以解决世界所面临的灾难性难题。

除了少数几家“很棒的”报纸外，甚至有关政治、经济和社会现实的如实报道都很有限。那些所谓的优质报刊虽能较好地提供信息，但也产生更大的误导，因为它们没有不偏不倚地报道所有新闻，还使用带倾向性的大标题，且标题往往与报道内容不符，所写的社论貌似有理、道貌岸然，实则偏袒某一党派。事实上，报纸、杂志、电视和广播从事的是商品生产，它们把各种事件当作原材料生产出新闻**联结体**。只有新闻可以售卖，于是新闻媒体决定哪些事件是新闻、哪些不是。这样所能产生的最好情况也不过是，信息是现成的，只涉及事件的表面，而公民几乎没有机会透过表面去认识事件发生的深层原因。

只要新闻销售是一种买卖，就很难阻止报刊杂志寡廉鲜耻地刊印好卖又不得罪广告商的报道。

要使人们依据真实信息形成意见、作出决策，就必须采用不同的方式来解决信息问题。关于具体的解决方法，我仅举一例。最高文化委员会的首要功能之一就是收集和传播全体国民所需的所有信息，尤其要能满足参与式民主中面对面团体讨论的需求，因为充足的信息是这种讨论的基础。这些信息应当包含各领域的基本事实和可供选择的基本方法，以便作出政治决策。特别重要的一点是，当发生意见分歧的时候，少数人的意见和多数人的意见都必须予以公布，让每一个公民，尤其是那些进行面对面直接讨论的团体都能知晓内情。最高文化委员会将负责监督这个新的新闻报道机构的工作。当然，在传播这种信息的过程中，广播和电视也将发挥重要作用。

- **科学研究必须独立于工业和国防应用之外。**

虽然对追求知识加以限制会妨碍人类发展，但若将科学思索的一切成果都转化为实际应用，那将是极其危险的。正如很多人都观察到并强调的那样，遗传学、脑外科、精神药物以及许多其他领域中的某些发现，很有可能甚至必然会被误用，从而给人类造成巨大危害。只要工业和军事利益集团能够自由地利用它们认为合适的一切新的理论发明，这一点将无法避免。必须停止让商业利润和军事权宜来左右科研应用。这就需要成立一个管理委员会，任何新的理论发现要转化为实际应用必须得到该委员会的许可。毋庸讳言,这个管理委员会必须在法律上和心理上完全独立于工业、政府和军队。最高文化委员会将有权任命其成员并监督其工作。

- **尽管上述建议已经很难实现了,但若再加上新社会的另一个必要条件——裁减核军备,那么困难几乎是难以克服的。**

我们经济中的一个致命伤是它需要一个庞大的军火工业。哪怕在今天的美国,这个世界上最富裕的国家,也必须削减在健康、福利和教育方面的开支,以便支撑国防预算的重担。一个国家花费大量钱财来生产武器装备,用以使自己和世界走向毁灭,这样的国家是无力承担进行社会实验的费用的。此外,现如今军事官僚机构权力日盛,并继续制造恐怖和屈从,个人主义和积极主动的精神是不可能在这种氛围中存在的。

新社会有可能实现吗?

鉴于目前大公司的巨大权力、普通大众的冷漠无力、几乎所有国家里政治领导人的不称职、核战争的威胁以及生态危机,更别提像气候变化这样的现象——仅此一项就能在全世界造成大规模的饥荒——我们不禁要问:**我们真的还有可能得救吗?**从商业交易的角度来看,可能性几乎为零,因为如果只有2%的胜算的话，任何一个有理智的人都不会押上他们的身家财产；同样，如果盈利的可能性很小，人们是不会进行大笔风险投资的。但在事关生死的问题上，“合理的可能性”必须转化为“现实的可能性”，无论希望多么渺茫。

生活既不是碰运气的游戏也不是商业交易，因此我们必须以别的领域为例来理解得救的现实可能性——比如以治病良方为例。如果一个病入膏肓的人还有一线生机，一位负责任的医生一定不会说“我们放弃吧”，或者仅仅采取姑息疗法。相反，他会采用一切想象得到的方法来挽救患者的性命。同理，对于一个病入膏肓的社会，我们也要付出同样多的努力。

从赌博或商业的角度而非从生命的角度来考虑当今社会得救的可能性，这是典型的商业社会的思维。当下流行的技术统治论观点认为，我们让自己忙于工作和娱乐，让自己不动感情，这没有什么大问题，即使有什么问题，或许技术法西斯主义总归是不错的。这种观点非常不明智，而且是一厢情愿。技术法西斯主义必然会导致灾难。人类如果失去人性就会变得疯狂，长期来看他们将无法维持社会的可持续发展，从短期看他们将无法阻止自己使用核武器和生物武器从而导致自己的毁灭。

但也有几个因素能使我们受到鼓舞。首先，越来越多的人认识到梅萨罗维奇、佩斯特尔和艾利希等人所言非虚。他们曾说：要想西方世界不被彻底毁灭，哪怕**纯粹从经济角度来看**，也必须形成新的伦理、对大自然的全新态度以及人类的团结与合作。即使不涉及情感和伦理，这种诉诸理性的观点也会改变很多人的想法，将他们动员起来。这一点不容小觑，历史上很多国家一再做出有损自身根本利益甚至违背其求生欲的行为。这些国家之所以这样，是因为其国民受到领导人的蛊惑，并且说服自己，他们面对的不是"生存还是毁灭"这样的选择。然而，一旦他们认识到真相，正常的神经心理学反应就会出现——他们知道自己面临生死攸关的威胁，必然会采取相应的防御行为。

另一个给人以希望的迹象是，越来越多的人开始表现出对现有社会体系的不满。人们愈发感受到了"世纪之恙"——他们感到抑郁，尽管用尽各种办法去抑制，可还是能感觉到。他们因为孤独而不快乐，即使在人群中也会感到空虚；他们觉得很无力，生活失去意义。很多人都清楚地意识到自己的感受；有些人即使感受没有那么明晰，但当他人表达出来时，也完全能够感同身受。

截至目前，在世界历史中，空虚的享乐生活曾经仅限于一小部分精英阶层。这部分人能基本保持理智是因为他们知道自己拥有权力，为了保住自己的权力，他们必须思考以及采取行动。今天，空虚的消费生活属于整个中产阶级，他们无论经济上还是政治上都没有任何权利，也没有个人责任感。西方世界的大部分人都已了解作为消费者的快乐和它带来的好处，越来越多享受这种好处的人开始发现它的不足。他们逐渐发现，拥有很多财富并不能带来幸福。传统的伦理道德受到了考验，这一点可以从事实经验中得到证实。

只有对于那些没有享受过中产阶级奢靡生活的人，往日的幻想才丝毫未受影响，比如西方社会中下阶层的普通大众。事实上，中产阶级希望“通过消费获得快乐”，这种希望在还没有实现中产阶级梦想的国家最是闪闪发光。

有些人认为不可能战胜贪婪和嫉妒，他们提供的有力论据之一就是贪婪和嫉妒是人性中固有的。这样的观点经不起推敲。贪婪和嫉妒之所以盛行并不是由于它们本身的强度，而是由于身处狼群之中很难不去做一只狼，公众压力很难抵抗。除非改变社会氛围，否则价值观接受与否以及能否从自私转变到利他都无从谈起。

如此一来，我们再次回到这样的前提——存在倾向是人性中的巨大潜质。只有少数人完全受占有模式支配，同样，完全由存在模式支配的人也只有少数。两种模式都有可能占据主导地位，至于究竟是哪一种则取决于社会结构。在一个以存在为导向的社会里，占有倾向会受到遏制，而存在倾向则得到扶植；在像我们这样的社会里，整体导向是占有型的，所以情况刚好相反。但新的生存模式一直都在，只不过被压制了。如果扫罗（Saul）在信仰基督教之前身上没有一点保罗（Paul）的影子，他是不可能受洗成为保罗的。[①]

从占有到存在的改变实际上是天平向另一端倾斜，因为在社会变革中，新事物受到鼓励，旧事物被放弃。此外，这并不是新人类与旧人类天差地别的问题，而是方向改变的问题。朝新方向迈进一步，紧跟着就会有第二步，只要方向正确，每一步都是极其重要的。

矛盾的是，另一个鼓舞人心的方面与大部分民众（包括他们的领袖）的异化程度有关。在前面对“营销型性格”的讨论中已经指出，过去人们贪婪地占有和囤积财富，现在已转变为仅仅想要把自己的工作做好，把自己当作商品一样进行交换，而自我空空如也。相较而言，异化的营销型性格要比囤积型性格更容易改变，因为囤积型性格的人疯狂地执着于占有财富，尤其是他们的自我。

一百年前，世界人口中的大多数都是独立的人，改革的最大障碍来自于对失去财产和丧失经济独立的恐惧和抗拒。在马克思生活的时代，工人阶级是唯一没有独立性的庞大阶级，也是马克思眼中异化程度最严重的阶级。今天，大部分人口都具有**依赖性**，几乎所有工作者都是**被雇佣**的（根据美国 1970 年人口普查报告，年龄超过 16 岁的总人口中只有 7.82%是自主营业，即“独立的人”）。至少在美国，蓝领阶层还保留着传统中

---

① 保罗原名扫罗，原本信仰犹太教，还曾参与迫害基督徒的行动，后悔改并信仰耶稣，改名保罗。详情可见《圣经 · 新约 · 使徒行传》。

产阶级的囤积型性格，因此他们对于变革相对保守，不像今天异化程度更高的中产阶级那样持开放态度。

这一切导致了极为重要的政治后果：虽然社会主义试图解放所有阶级，即建立一个无阶级的社会，但它对“工人阶级”(即体力劳动者)具有最直接的号召力。然而与一百年前相比，今天的工人阶级愈发只占人口中的少数。为了获得权力，社会民主党派必须赢得更多中产阶级成员的选票。为了达到这一目的，社会主义党派就必须放弃以实现社会主义为目标的计划，转而进行更多的自由派改革。另一方面，社会主义把工人阶级作为实现人道主义改革的杠杆，就必然把社会其他阶层的成员置于对立面，使他们觉得自己的财产和特权会被工人阶级夺走。

今天，建立新社会号召的是所有遭受异化、受到雇佣并且财产并未受到威胁的人。换句话说，它关系到人口中的大多数，而不仅仅是少数。它并不威胁拿走任何人的财产。在收入问题上，它将提高贫困人口的生活水平。顶级行政官员的高薪不一定会减少，但如果新的社会体系运行良好，他们必然不愿成为旧时代的象征。

再者，新社会的理想将跨越所有党派界限：很多保守党人并没有失去他们的伦理和宗教理想(埃普勒称他们为“价值保守派”)，很多自由主义者和左派人士也同样如此。每个政党在拉拢选民时都会宣称自己代表人道主义的真正价值，但在所有政党身后只有两大阵营——关心人类命运的政党和对此漠不关心的政党。如果在关心人类命运的阵营中所有成员都能放下各自党派的陈词滥调，意识到他们怀有共同的目标，那么实现变革的可能性将会大得多，尤其现在大多数公民逐渐对党派忠诚和党派口号失去兴趣。今天的人们期待人类可以拥有智慧和信念，并有勇气按照自己的信念行动。

即使存在这些能给人带来希望的因素，要实现必要的人的变革和社会变革，可能性依然很小。我们唯一的希望在于，对新社会的展望充满吸引力并带给人活力。在不改变社会体系的情况下提出这种或那种改革方案，从长远看是毫无用处的，因为这样的改革不具备来自强大动机的驱动力。乌托邦式的理想主义目标比今天领导人提倡的“现实主义”更加实际。新社会和新人类只有满足以下条件才有可能实现：旧的动机（利润、权力和智力）被新的动机（存在、分享和理解）取代；营销型性格被充满创造力（生产性）和爱的性格取代；控制论宗教被新的激进人道主义精神所取代。

事实上，对于那些并不真正信仰有神论宗教的人而言，关键问题在于培养一种人道主义的“宗教热忱”，它与宗教无关，也与教条和宗教机构无关。从佛陀到马克思都是无神论宗教热忱的代表，他们发动的社会运动为人道主义“宗教热忱”铺平了道路。我们所面临的并不是在自私的物质主义和基督教的上帝信仰之间作选择。社会生活本身——包括诸如工作、休闲和人际关系等方方面面——都将是对“宗教”精神的表达，因此没有必要再去信仰任何单独的宗教。提倡这种新的、无神论的、非机构化的“宗教热忱”并非对现存宗教的打击，但它意味着始于罗马官僚体制的罗马天主教会必须依照福音精神进行改革。这也不是说“社会主义国家”都必须“去社会主义化”，而是说它们虚假的社会主义应该被真正人道主义的社会主义所取代。

中世纪晚期文化之所以繁荣兴盛，是因为人们追寻**上帝之城**的愿景。现代社会繁荣兴盛，是因为人们从**尘世的进步之城**不断发展的愿景中获得动力。然而，这一愿景在本世纪已沦落为**巴别塔**的景象。现在这一巨塔正开始崩塌，并将最终把每一个人埋葬于废墟之中。如果上帝之城和尘世之城是**正题**和**反题**，那么新产生的**合题**将是对抗混乱局面的唯一选择。这一合题把中世纪晚期世界的精神内核和文艺复兴以来的理性思想与科学发展统一起来。这一合题就是**存在之城**。

参考文献

此部分包括本书引用到的所有书籍，但不包括写作本书准备阶段使用到的所有资料。推荐阅读的相关书籍以单个星号标识；若读者时间有限，可以只读标有两个星号的书籍。

Aquinas，Thomas. 1953. *Summa Theologica*. Edited by P. H. M. Christmann. OP. Heidelberg：Gemeinschaftsverlage，F. H. Kerle；Graz：A. Pustet.

Arieti，Silvano，ed. 1959. *American Handbook of Psychiatry*，Vol. 2. New York：Basic Books.

Aristotle. *Nicomachean Ethics*. Cambridge：Harvard University Press，Loeb Classical Library.

* Artz，Frederick B. 1959. *The Mind of the Middle Ages: An Historical Survey: A.D.* 200 - 1500. 3rd rev. ed. New York：Alfred A. Knopf.

Auer，Alfons. "Die Autonomie des Sittlichen nach Thomas von Aquin" [The anatomy of ethics according to Thomas Aquinas]. Unpublished paper.

-. 1975. "Ist die Sünde eine Beleidigung Gottes?" [Is sin an insult to God?]. In *Theologische Quartalsschrift*，Münich：Erich Wewel Verlag.

* –. 1976. *Utopie*, *Technologie*, *Lebensqualitat* [Utopia, technology, quality of life]. Zürich: Benziger Verlag.

* Bachofen, J. J. 1967. *Myth*, *Religion and the Mother Right: Selected Writings of Jjohann Jakob Bachofen*. Edited by J. Campbell; translated by R. Manheim. Princeton: Princeton University Press. (Original ed. *Das Mutterrecht*, 1861).

Bacon, Francis. i62o. *Novum Organum*. [204]

Bauer, E. *Allgemeine Literatur Zeitung* 1843/4. Quoted by K. Marx and F. Engels; q.v.

* Becker, Carl L. 1932. *The Heavenly City of the Eighteenth Century Philosophers*. New Haven: Yale University Press.

Benveniste, Emile. 1966. *Problemes de Linguistique General*. Paris: Ed. Gallimard.

Benz, E. See Eckhart, Meister.

Blakney, Raymond B. See Eckhart, Meister.

Bloch, Ernst. 1970. *Philosophy of the Future*. New York: Seabury Press.

–. 1971. *On Karl Marx*. New York: Seabury Press.

*–. 1972. *Atheism in Christianity*. New York: Seabury Press.

Cloud of Unknowing, *The*. See Underhill, Evelyn.

Darwin, Charles. 1969. *The Autobiography of Charles Darwin* 1809–1882. Edited by Nora Barlow. New York: W. W. Norton. Quoted by E. F. Schumacher; q.v.

Delgado, J. M. R. 1967. "Aggression and Defense Under Cerebral Radio Control." In *Aggression and Defense: Neural Mechanisms and Social Patterns*. *Brain Function*, vol. 5. Edited by C. D. Clemente and D. B. Lindsley. Berkeley: University of California Press.

De Lubac, Henri. 1943. *Katholizismus als Gemeinschaft*. Translated by Hans-Urs von Balthasar. Einsiedeln/Cologne: Verlag

Benziger & Co.

De Mause, Lloyd, ed. 1974. *The History of Childhood*. New York: The Psychohistory Press, Atcom Inc.

Diogenes Laertius. 1966. In *Lives of Eminent Philosophers*. Translated by R. D. Hicks. Cambridge: Harvard University Press.

Du Marais. 1769. *Les Veritables Principes de la Grammaire*.

Dumoulin, Heinrich. 1966. *Östliche Meditation and Christliche Mystik*. Freiburg/Munich: Verlag Karl Alber.

* * Eckhart, Meister. 1941. *Meister Eckhart: A Modern Translation*. Translated by Raymond B. Blakney. New York: Harper & Row, Torchbooks.

-. 1950. Edited by Franz Pfeifer; translated by C. de B. Evans. London: John M. Watkins.

-. 1969. *Meister Eckhart, Deutsche Predigten and Traktate*. Edited and translated by Joseph L. Quint. Munich: Carl Hanser Verlag.

-. *Meister Eckhart, Die Deutschen Werke*. Edited and translated [205] by Joseph L. Quint. In *Gesamtausgabe der deutschen and lateinischen Werke*. Stuttgart: Kohlhammer Verlag.

-. *Meister Eckhart, Die lateinischen Werke, Expositio Exodi* 16. Edited by E. Benz et al. In *Gesamtausgabe der deutschen and lateinischen Werke*. Stuttgart: Kohlhammer Verlag. Quoted by Otto Schilling; q.v.

* Ehrlich, Paul R., and Ehrlich, Anne H. 1970. *Population, Resources, Environment: Essays in Human Ecology*. San Francisco: W. H. Freeman.

Engels, F. See Marx, K., jt. auth.

Eppler, E. 1975. *Ende oder Wende* [End or change]. Stuttgart: W. Kohlhammer Verlag.

Farner, Konrad. 1947. „Christentum und Eigentum bis Thomas von

Aquin.“ In *Mensch and Gesellschaft*, vol. 12. Edited by K. Farrier. Bern: Francke Verlag. Quoted by Otto Schilling; q.v.

Finkelstein, Louis. 1946. *The Pharisees: The Sociological Background of Their Faith*, vols. 1, 2. Philadelphia: The Jewish Publication Society of America.

Fromm, E. 1932. „Die psychoanalytische Charakterologie and ihre Bedeutung fur die Sozialforschung.“ *Zeitschrift für Sozialforschung*. 1: 253 - 277; “Psychoanalytic Characterology and Its Relevance for Social Psychology.” In E. Fromm, *The Crisis of Psychoanalysis*; q.v.

-. 1941. *Escape from Freedom*. New York: Holt, Rinehart and Winston.

-. 1942. “Faith as a Character Trait.” In *Psychiatry* 5. Reprinted with slight changes in E. Fromm, *Man for Himself* q.v.

-. 1943. “Sex and Character.” In *Psychiatry* 6: 21 - 31. Reprinted in E. Fromm, *The Dogma of Christ and Other Essays on Religion, Psychology, and Culture*; q.v.

*-. 1947. *Man for Himse* f *An Inquiry into the Psychology of Ethics*. New York: Holt, Rinehart and Winston.

-. 1950. *Psychoanalysis and Religion*. New Haven: Yale University Press.

-. 1951. *The Forgotten Language: An Introduction to the Understanding of Dreams, Fairy Tales, and Myths*. New York: Holt, Rinehart and Winston.

* -. 1955. *The Sane Society*. New York: Holt, Rinehart and Winston.

-. 1956. *The Art of Loving*. New York: Harper & Row.

-. 1959. “On the Limitations and Dangers of Psychology.” In [206] W. Leibrecht, ed. *Religion and Culture: Essays in Honor of Paul Tillich*; q.v.

* *–.1961. *Marx's Concept of Man*. New York: Frederick Ungar.

–. 1963. *The Dogma of Christ and Other Essays on Religion, Psychology, and Culture*. New York: Holt, Rinehart and Winston.

–. 1964. *The Heart of Man*. New York: Harper & Row.

–. ed. 1965. *Socialist Humanism*. Garden City, N.Y.: Doubleday & Co.

–. 1966. "The Concept of Sin and Repentance." In E. Fromm, You *Shall Be as Gods*; q.v.

–. 1966. *You Shall Be as Gods*. New York: Holt, Rinehart and Winston.

*–. 1968. *The Revolution of Hope*. New York: Harper & Row.

–. 1970. *The Crisis of Psychoanalysis: Essays on Freud, Marx, andSocial Psychology*. New York: Holt, Rinehart and Winston.

* *–. 1973. *The Anatomy of Human Destructiveness*. New York: Holt, Rinehart and Winston.

–. and Maccoby, M. 1970. *Social Character in a Mexican Village*. Englewood Cliffs, NJ.: Prentice-Hall.

Suzuki, D. T., and de Martino, R. 1960. *Zen Buddhism and Psychoanalysis*. New York: Harper & Row.

* Galbraith, John Kenneth. 1969. *The Affluent Society*. 2nd ed. Boston: Houghton Mifflin.

* –. 1971. *The New Industrial Society*. 2nd rev. ed. Boston: Houghton Mifflin.

*–. 1974. *Economics and the Public Purpose*. Boston: Houghton Mifflin.

* Habermas, Jürgen. 1971. *Toward a Rational Society*. Translated by J. Schapiro. Boston: Beacon Press.

–. 1973. *Theory and Practice*. Edited by J. Viertel. Boston: Beacon Press.

Harich, W. 1975. *Kommunismus ohne Wachstum*. Hamburg:

Rowohlt Verlag.

Hebb, D. O. "Drives and the CNS [Conceptual Nervous System]." *Psych. Rev*. 62, 4: 244.

Hess, Moses. 1843. "Philosophie der Tat" [The philosophy of action]. In *Einundzwanzig Bogen aus der Schweiz*. Edited by G. Herwegh. Zürich: Literarischer Comptoir. Reprinted in Moses Hess, [207] *Okonomische Schriften*. Edited by D. Horster. Darmstadt: Melzer Verlag, 1972.

* Illich, Ivan. 1970. *Deschooling Society*. World Perspectives, vol. 44. New York: Harper & Row.

-. 1976. *Medical Nemesis: The Expropriation of Health*. New York: Pantheon.

* Kropotkin, P. A. 1902. *Mutual Aid.' A Factor of Evolution*. London.

Lange, Winfried. 1969. *Glückseligkeitsstreben and uneigennützige Lebensgestaltung bei Thomas von Aquin*. Diss. Freiburg im Breisgau.

Leibrecht, W., ed. 1959. *Religion and Culture: Essays in Honor of Paul Tillich*. New York: Harper & Row.

Lobkowicz, Nicholas. 1967. *Theory and Practice: The History of a Concept from Aristotle to Marx*. International Studies Series. Notre Dame, Ind.: University of Notre Dame Press.

* Maccoby, Michael. Forthcoming, fall 1976. *The Gamesmen: The New Corporate Leaders*. New York: Simon and Schuster.

Maimonides, Moses. 1963. *The Code of Maimonides*. Translated by *A. M*. Hershman. New Haven: Yale University Press.

* Marcel, Gabriel. 1965. *Being and Having: An Existentialist Diary*. New York: Harper & Row, Torchbooks.

Marx, K, 1844. *Economic and Philosophical Manuscripts*. In *Gesamtausgabe* (*MEGA*) [Complete works of Marx and

Engels]. Moscow. Translated by E. Fromm in E. Fromm, *Marx's Concept of Man*; q.v.

-. 1909. *Capital*. Chicago: Charles H. Kerr & Co.

-. *Grundrisse der Kritik der politischen Ökonomie*. [Outline of the critique of political economy]. Frankfurt: Europäische Verlagsanstalt, n.d. McClellan, David, ed. and trans. 1971. *The Grundrisse*, Excerpts. New York: Harper & Row, Torchbooks.

-. and Engels, F. 1844/5. *The Holy Family, or a Critique of Critical Critique*. London: Lawrence & Wishart, 1957. *Die Heilige Familie, der Kritik der kritischen Kritik*. Berlin: Dietz Verlag, 1971.

Mayo, Elton. 1933. *The Human Problems of an Industrial Civilization*. New York: Macmillan.

Meadows, D. H., et al. 1972. *The Limits to Growth*. New York: Universe Books.

* Mesarovic, Mihajlo D., and Pestel, Eduard. 1974. *Mankind at the Turning Point*. New York: E. P. Dutton.

Mieth, Dietmar. 1969. *Die Einheit von Vita Activa and Vita Contemplativa*. Regensburg: Verlag Friedrich Pustet. [208]

-. 1971. *Christus-Das Soziale im Menschen*. Düsseldorf. Topos Taschenbücher, Patmos Verlag.

Mill, J. S. 1965. *Principles of Political Economy*. 7th ed., reprint of 1871 ed. Toronto: University of Toronto/Routledge and Kegan Paul.

Millán, Ignacio. Forthcoming. *The Character of Mexican Executives*.

Morgan, L. H. 1870. *Systems of Sanguinity and Affinity of the Human Family*. Publication 218, Washington, D. C.: Smithsonian Institution.

** Mumford, L. 1970. *The Pentagon of Power*. New York: Harcourt Brace Jovanovich.

** Nyanaponika Mahatera. 1962; 1970. *The Heart of Buddhist Meditation*. London: Rider & Co.; New York: Samuel Weiser.

*–. ed. 1971; 1972. *Pathways of Buddhist Thought: Essays from the Wheel*. London: George Allen & Unwin; New York: Barnes & Noble, Harper & Row.

Phelps, Edmund S., ed. 1975. *Altruism, Morality and Economic Theory*. New York: Russell Sage Foundation.

Piaget, Jean. 1932. *The Moral Judgment of the Child*. New York: The Free Press, Macmillan.

Quint, Joseph L. See Eckhart, Meister.

* Rumi. 1950. Selected, translated and with Introduction and Notes by R. A. Nicholson. London: George Allen & Unwin.

Schecter, David E. 1959. "Infant Development." In Silvano Arieti, ed. *American Handbook of Psychiatry*, vol. 2; q.v.

Schilling, Otto. 1908. *Reichtum and Eigentum in der Altkirchlichen Literatur*. Freiburg im Breisgau: Herderische Verlagsbuchhandlung.

Schulz, Siegried. 1972. *Q, Die Spruchquelle der Evangelisten*. Zürich: Theologischer Verlag.

** Schumacher, E. F. 1973. *Small Is Beautiful: Economics as if People Mattered*. New York: Harper & Row, Torchbooks.

* Schumpeter, Joseph A. 1962. *Capitalism, Socialism, and Democracy*. New York: Harper & Row, Torchbooks.

Schweitzer, Albert. 1923. *Die Schuld der Philosophie an dem Niedergang der Kultur* [The responsibility of philosophy for the decay of culture]. Gesammelte Werke, vol. 2. Zürich: Buchclub Ex Libris. [209]

–. 1923. Verfall und Wiederaufbau der Kultur [Decay and restoration of civilization]. *Gesammelte Werke*, vol. 2. Zürich: Buchclub Ex Libris.

*–. 1973. *Civilization and Ethics*. Rev. ed. Reprint of 1923 ed. New

York: Seabury Press.

Simmel, Georg. 1950. *Hauptprobleme der Philosophie*. Berlin: Walter de Gruyter.

Sommerlad, T. 1903. *Das Wirtschaftsprogramm der Kirche des Mittelalters*. Leipzig. Quoted by Otto Schilling; q.v.

Spinoza, Benedictus de. 1927. *Ethics*. New York: Oxford University Press.

Staehelin, Balthasar. 1969. *Haben and Sein*. [Having and being]. Zürich: Editio Academics.

Stirner, Max. 1973. *The Ego and His Own: The Case of the Individual Against Authority*. Edited by James J. Martin; translated by Steven T. Byington. New York: Dover. (Original ed. *Der Einzige and Sein Eigentum*.)

Suzuki, D. T. 1960. "Lectures on Zen Buddhism." In E. Fromm et al. *Zen Buddhism and Psychoanalysis*; q.v.

Swoboda, Helmut. 1973. *Die Qualität des Lebens*. Stuttgart: Deutsche Verlags-Anstalt.

* Tawney, R. H. 1920. *The Acquisitive Society*. New York: Harcourt Brace.

„Technologie and Politik." *Aktuell Magazin*, July 1975. Rheinbeck bei Hamburg: Rowohlt Taschenbuch Verlag.

Theobald, Robert, ed. 1966. *The Guaranteed Income: Next Step in Economic Evolution*. New York: Doubleday.

Thomas Aquinas. See Aquinas, Thomas.

Titmuss, Richard. 1971. *The Gift Relationship: From Human Blood to Social Policy*. London: George Allen & Unwin.

* Underhill, Evelyn, ed. 1956. *A Book of Contemplation the Which Is Called The Cloud of Unknowing*. 6th ed. London: John M. Watkins.

Utz, A. F. OP. 1953. „Recht und Gerechtigkeit." In Thomas

Aquinas, *Summa Theologica*, vol. 18; q.v.

Yerkes, R. M., and Yerkes, A. V. 1929. *The Great Apes: A Study of Anthropoid Life*. New Haven: Yale University Press.

Erich Fromm
TO HAVE OR TO BE ?

图字：09－2020－832 号

图书在版编目(CIP)数据

占有还是存在／(美) 艾里希·弗洛姆(Erich Fromm)著；程雪芳译.—上海：上海译文出版社，2021.11 (2025.7 重印)
(弗洛姆作品系列)
书名原文：To Have or To Be？
ISBN 978－7－5327－8708－1

Ⅰ.①占… Ⅱ.①艾… ②程… Ⅲ.①社会心理学—研究 Ⅳ.①C912.6－0

中国版本图书馆 CIP 数据核字(2021)第 168995 号

占有还是存在
[美] 艾里希·弗洛姆 著　程雪芳 译
责任编辑／范炜炜　装帧设计／柴昊洲

上海译文出版社有限公司出版、发行
网址：www.yiwen.com.cn
201101　上海市闵行区号景路159弄B座
上海信老印刷厂印刷

开本 890×1240　1/32　印张 8　插页 2　字数 118，000
2021 年 9 月第 1 版　2025 年 7 月第 6 次印刷
印数：22，001－25，000 册

ISBN 978－7－5327－8708－1
定价：55.00 元